はしがき

本書は、いわゆる「ホームレス」問題について、弁護士が中心となって執筆したものとしては、おそらくわが国ではじめての書籍だと思われる（一般に使用されている「ホームレス」という用語は、本来、「家がない」という「状態」をあらわす広範な意味を含むものなので、以下、本書では原則として「野宿者」という用語を使用している）。

弁護士会が野宿者問題に取り組む姿勢をはじめて対外的に明らかにしたのは、いまから12年前のことである。00年12月1日、近畿弁護士会連合会は、その第21回人権擁護大会において、「ホームレス問題と人権」というテーマでシンポジウムを開催し、「ホームレス問題の根本的解決を求める決議」を採択した。当時、大阪市内では、野宿を余儀なくされる人びとの数が爆発的に増え、さまざまな支援団体から立て続けに弁護士会に「人権救済申立て」がなされたことなどから野宿者問題がテーマに選ばれたのだ。

さまざまな実態調査を経て採択された右の決議は、野宿生活の実情について、次のように述べている。

野宿を余儀なくされているということは、単に住居がないということに止まらず、安心して寝たり生活できる場所がないということである。すなわち、まず、路上等で暮らすということは、日々風雨に晒され、夏の暑さ、冬の寒さに晒されることを意味する。とりわけ、梅雨時や厳寒期の野宿生活は、野宿生活者の健康を著しく害する。

また、路上等で暮らすということは、満足な食事も睡眠もとれないということを意味する。大阪市の調査（１９９９年）によっても、コンビニエンスストア等の廃棄食品を利用する人が31.7％、残飯を利用する人が7.9％も存在する。１日３回の食事を採っている人は少なく、大半が1日1、2回の食事であり、ボランティア団体の炊き出しに依存して生活している人も多い。また、暑さや寒さのため、早朝や夜間に廃品回収等の仕事をしているため、あるいは、襲撃を恐れるために十分な睡眠もとることができない。

さらに、路上等で暮らすということは、自尊心を傷つけられる経験の連続を意味する。自分の生活空間がなく、生活道具も殆どなく、衣類の着替えも入浴も殆どできず、人々の差別や偏見の目に晒され、役所に行っても相手にされず、時には若者たちから理不尽な襲撃を受ける。

このように過酷な生活が野宿生活者の身体と心の健康を蝕んでいくことは容易に想像できる。そして、行き着く先は、路上における死亡である。驚くべきことに、身元不明で官報に公告された「行旅死亡人」数だけでも972名を数え（１９９５年）、路上での非人間的な死を迎える人の数は年間１０００人を超えるものと推定されている。（……）そして、官報公告の「死亡原因」欄には、「病死」のほかに「凍死」「餓死」「栄養失調」といった、わが国の「豊かさ」を疑わせるような死因が並んでいるのである。

そして、決議は、「今日のように雇用形態が流動化し、パートやアルバイトなどの不安定就労者層が増加していく状況の下では、誰もが容易にホームレス状態に至る危険がますます増大している」として、「ホームレス問題は、『明日は我が身』の国民的な人権課題として取り組まれなければならない」と強調している。

それから10年。この決議が予想した通り、非正規労働が全労働者の3分の1を超え、「ネットカフェ難民」「マック難民」「個室ビデオ店難民」が社会問題となった。08年から09年にかけての年末年始には、東京・日比谷公園の「年越し派遣村」がお茶の間を賑わせたことも記憶に新しい。

この間、私たち弁護士の世界にも規制緩和の波が押し寄せた。ロースクール制度の導入、司法試験合格者数の急激な増加によって、司法修習を終えても就職先が決まらない者が激増。借金をかかえた司法修習終了者も多く、借金の平均額は300万円に上る。さらに10年10月には、司法修習生に対する給費制が廃止されて貸与制に切り替わることが予定されており、これが現実化すると司法修習終了者の平均借金額は600万円に跳ね上がると見込まれている。「明日は我が身」も現実味をおびてきている。

そのようななか、10年の日本弁護士連合会（日弁連）会長選挙では、異例の再投票の末、無派閥で非主流派といわれる宇都宮健児弁護士が当選した。元祖「貧困ビジネス」ともいえるサラ金と長年闘い、年越し派遣村の名誉村長も務めた宇都宮健児会長は、選挙公約であった「給費制維持」と「貧困問題対策」を当面の重点課題と位置づけ、日弁連内にふたつの対策本部を設置し、国民的な運動に乗り出している。

話を元に戻そう。

この10数年の間、私たち弁護士も、ささやかながら野宿者の法的支援に取り組んできた。司法書士も含めて全国的に野宿者支援に取り組む法律家の層も飛躍的に増えた。そのなかで、私たちは野宿者に対する法的支援のノウハウを蓄積し、こうしたノウハウについては、既に「ホームレス法的支援マニュアル」（大阪弁護士会人権擁護委員会ホームレス問題部会）や「路上からできる生活保護申請ガイド（通称「ノイエ本」）」（ホームレス総合相談ネットワーク）などの形でまとめられている。

本書は、同様に野宿者をめぐる法的な問題を中心に取り扱うものではあるが、一つひとつの問題をより深く掘り下げて伝えようと試みたものである。それぞれのテーマごとに、どのような出来事やドラマがあり、野宿当事者、支援者、弁護士など、どのような人がどのような思いで、その問題に取り組んだのかを、はじめてこの問題に接する方々にもわかりやすく表現するように心がけたつもりだ。

「野宿」は貧困の究極の形態であり、野宿者はさまざまな困難を折り重なるようにかかえていることが多い。したがって、私たち法律家が関与し、解決することができるのは、野宿者がかかえる問題のほんの一部分にすぎない。

一人ひとりの野宿者を支援するためにも、野宿者問題という社会問題を解決するためにも、さまざまな支援者や専門家との連携を図ることが必要不可欠である。

そこで、本書においても、さまざまな方々に執筆をご担当いただいた。

序　章　釜ヶ崎で長年、野宿労働者の夜回り活動などに取り組んでいる生田武志氏（野宿者ネットワーク）が「野宿生活の実態」について論じている。はじめて野宿者問題に接する方も、この章を読めば、この問題の全体像を概観することができるのではないかと思う。

第Ⅰ部　裁判からみる野宿者問題

「林訴訟（第1章）」、「佐藤訴訟（第2章）」、「自立支援法の課題（第3章）」、「住民票訴訟（第4章）」、「靭公園・大阪城公園訴訟（第5章）」を取り上げ、それぞれのテーマについて、「当事者の視点」もしくは「支援者の支援」、「法律家の視点」と複眼的な視点から論じていただいた。

ここでは、訴訟を担当した弁護士と、訴訟の原告となった勇気ある（元）野宿者の方、訴訟を支援した笹島診療所の藤井克彦氏（林訴訟）、釜が崎医療連絡会議の加藤亮子氏（佐藤訴訟）に執筆をご担当いただいた。また、現役のホームレス自立支援センター施設長である奥村健氏には、「自立支援センターの役割と課題」について、率直かつ深みのある論稿をいただいた。

第Ⅱ部　さまざまな野宿問題

第6章「野宿者がかかえる法律問題」　大阪弁護士会人権擁護委員会ホームレス問題部会のメンバーが執筆を担当した。野宿者法律相談の実情がおわかりいただけるのではないかと思う。

第7章「法律扶助制度」　本書の共編者であり、ホームレス問題部会の家老的存在である安永一郎弁護士が担当した。貧困者の法的支援を拡充するには、弁護士費用を立て替える法律扶助制度が使えるだけでなく、その立替え費用の返済免除制度が使えることが不可欠である。大阪のホームレス支援の取組みのなかで風穴が空き、それがいま、生活保護受給者に広がり、さらに生活保護を利用していない困窮者に広がろうとしている。

第8章「世界の『ホームレス』問題」　長年野宿者問題の研究に携わり、諸外国の事情に明るい、福原宏幸氏（大阪市立大学教授）をはじめとする第一線の研究者の方々に執筆をご担当いただいた。私たちは、諸外国の実情と政策を学び、わが国における取り組みに生かしていかなければならない。

コラム1「路上の『初夜』」　多くの法律家を野宿者支援の現場に引きずり込み、年越し派遣村村長を経て、現在は内閣府参与として活躍している湯浅誠氏（自立生活サポートセンター・もやい）に寄稿していただいた。このコラムから、彼の活動の原点が、いささかも揺らいでいないことが読みとれるだろう。

コラム2「野宿生活とお酒」　アルコール依存症の治療に取り組む小杉クリニックの三好弘之氏（精神保健福祉士）に寄稿していただいた。野宿とアルコールの問題が、どのように関係しているのか、事例を通じてわかりやすく説明していただいている。

「野宿者に対する施策を見れば、その国の政治や社会保障制度の水準がわかる」という。たしかに、野宿者支援に携わり、まさしく「地べた」から上を見上げれば、さまざまな制度のほころびがよくみえる。複合的な困難をかかえた人びとが「野宿」という非人間的な所為を余儀なくされることのない国は、すべての人びとにとって暮らしやすい国のはずだ。わが国がそうした国々の仲間入りをするための一助に本書がなれば、望外の幸せである。

最後になるが、本書は法律文化社編集部の掛川直之君の企画による。同君は、エンジンのかかりの遅い私たちに粘り強く付き合い、多数に及ぶ執筆担当者への連絡から細かな校正やレイアウトまで情熱をもって取り組んだ。実は、彼は、大学在学中から私たちのホームレス問題部会の会議や諸活動にほぼ皆勤で参加していた。編集者として同君から持ちかけていただいた企画をともに形にできたことを嬉しく思うとともに、その尽力に心から感謝したい。

２０１０年８月

小久保　哲郎

目次

第Ⅱ部　さまざまな野宿者問題

序章

野宿生活の実態

「野宿の問題は『究極の貧困』の一つの形であり、そこには、日本社会が抱える労働、差別、貧困、医療、福祉の矛盾が集中している。ある意味で、野宿の問題は私たちの社会を凝縮して示す『社会の縮図』なのだ。」

本文より

支援者による分析

野宿問題・その現状と課題

野宿者ネットワーク　生田 武志

◉「野宿者」という言葉

「野宿者」「路上生活者」「ホームレス」、これらはどう違うのだろうか。

80年代まで、日本では「浮浪者」という言葉が使われていた。たとえば、83年の横浜の野宿者（正確には「野宿している日雇労働者」だが）襲撃事件は、当時「浮浪者襲撃事件」として報道された。しかし、「浮浪者」はさすがにおかしいということになり、マスコミは90年代から「ホームレス」という言葉を使うようになった（行政も公式に「ホームレス」を採用している）。一方、「野宿者」は主に現場の支援者が使い、「路上生活者」はマスコミがよく使う言葉となっている。

ところで、「ホームレス」と「homeless」だが、このふたつは実は意味がまったく違う。「ホームレス」は野宿者（あるいは「浮浪者」）という意識で使われているが、英語の「homeless」は「何らかの理由で住居を失い、シェルターや寮、病院、知人宅などで過ごしている状態」のことをおおざっぱには指している。

「貧困」「社会的排除」としての野宿問題を語るためには、英語の「homeless」が一番適当かもしれない。ここには、入院中だけれども他に住む場所のない人、施設から出ても行くあてのない人、あるいはシェルターで暮らしている人、家がなくて友人の家やマンガ喫茶で寝ている人、地震や火事などの被災者なども入る。しかし、日本語にはこの「homeless」にあたる言葉が存在しない。そのため、ホームレス問題の国際的な比較においても困難が生じる事態となっている。

また、「野宿者問題」という言葉も使われてきたが、「野宿者」が問題なのではなく「人が野宿を強いられる」社会のあり方が問題だという意味で、「野宿問題」という言葉をここでは使う。

◉ 09～10年の野宿の現状

09年春、ある市でホームレス状態の家族が増え9420家族に達した。夏に向けてさらに増え、総計で1万家族を越えたと考えられる。

これは「世界で最も豊かな国の最も豊かな街」、ニューヨーク市での報道だ（ニューヨークタイムス09年7月7日）。世界的な不況の影響を受け、全世界で貧困と野宿（ホームレス）問題が拡大している。貧富の差が激しいアメリカでは膨大な家族のホームレス化という事態を生んでいるが、この日本でもアメリカと同じようにやはり貧困・野宿問題が進行し続けている。

08年秋からの不況の影響で、日本全国で野宿を強いられる人たちが激増した。09年6月、新宿中央公園の炊き出しに並ぶ人の数は、1年前の2倍近い約600名になった。解雇や雇い止めなどで、08年10月～09年9月に失職する非正社員は22万3243名、そのうち「派遣切り」労働者が13万7482名とされている（厚生労働省が把握しただけの人数）。そうした人が、次々と野宿になっていったのだ。

08年12月31日から東京の日比谷公園で「年越し派遣村」が作られ、困窮して行き場所を失った人たちが500名以上集まった。住む場所を失い自殺しようとして青木ヶ原樹海に向かっていた途中で駅の待合室でテレビを見て派遣村を知った人、飛び降り自殺を試みて近くの住民の通報で駆けつけた警官に保護され、対応に困った警官が派遣村に連れてきたという人……。「派遣村」では公園にテントを張ってみんなで野営し、炊き出しや労働相談、医療相談を行い、行政に対応を求めて活動し続けた。

大阪でも、3月22〜23日、大阪市役所前で10以上のテントを建て、貧困問題の相談にあたるに相談会が行われた（反貧困大阪ネットワーク実行委員として私も参加した）。この2日間での相談件数は229件。来た人のなかには、「家賃を払えなくなって、この1ヶ月は車のなかで生活していた。ガソリン代はほとんどないが、停めていると警察が来るので少しずつ車を動かしながら生活していた」という男性、「派遣で働いているが、仕事がなくなり収入がない。手持ち金3万円を切った。今月末までに払わないと部屋を出ないといけない。公共料金は何ヶ月も払えていない」という女性、「短期派遣を転々、現在ネットカフェで生活。所持金も1000円」という20代の男性など、さまざまな相談があった。09年から日本各地でこうした生活相談の取り組みが続けられている。

いままで野宿者数は、不況のたびに増え、景気の回復とともに減っていくということをくり返してきた。91年のバブル崩壊のとき、仕事を失った数千人の日雇労働者が一気に野宿になった。98年の不況のとき、山一証券など多くの企業が倒産し、失業した多くの人たちが野宿になった。自殺数や犯罪率と同じく、野宿者数と失業率は連動してきた。

00年以降、北海道から沖縄まで、すべての都道府県で野宿している人たちがいる。10年の時点で、日本全国で野宿している人の数はおそらく2万人近いだろう。

日本の野宿の原因は、調査によればほとんどが「失業」といわれている。そのなかでも、とくに日雇労働者、派遣労働者などの不安定雇用の人が多く、「不安定雇用→失業→貧困→野宿」というパターンが確立している。ここには、雇用、健康、住居、家族など、生活全般にわたる社会的なセーフティネットがあまり機能していないという問題がある。「仕事が不安定」→「生活が不安定」になっているのだ。

この10年に目立ち始めた新しい特徴は、野宿のなかでの「女性の増加」と「若年化」だった。80年代には、女性の野宿者はほとんど存在しなかったが、野宿者のうち約7％が女性という調査結果が出たこともある。女性が野宿になる原因は、「失業」と「DV」が主なようだ。また、若年化も進行し、最近では30代の野宿は珍しくないし、20代、ときには10代の野宿者もみられる。こうした若い人が野宿になる理由には「失業」と同時に、「家族を頼ることができない」という背景がある。たとえば、「親との関係が悪くて帰れない」「親も生活保護を受けている」「親も知り合いの家でやっかいになっている」などの事情だ。また、野宿になる若者のなかには虐待経験者や薬物依存症者もかなり多く、生育歴から来る解決困難な問題をかかえている。

しかし、日本の貧困問題、野宿問題は最近になって始まったものではない。以前から進行していた問題が、経済の落ち込みによって一気に深刻化し、目に見える形で噴出してきたのだ。

◉拡大した「不安定雇用→失業→貧困→野宿」パターン

現代日本の野宿問題は、寄せ場の日雇労働者から始まった。

日本にはいわゆる四大寄せ場、東京の山谷、横浜の寿、名古屋の笹島、大阪の釜ヶ崎がある。私が主に活動してきた釜ヶ崎を例として挙げると、釜ヶ崎にいる2万人近い日雇労働者の多くは夜明け前から「寄せ場」である「あいりん総合センター」に仕事を求めて集まってくる。あいりん総合センターには「あいりん労働公共職業安定所」がある。ここで求人活動をするのは、労働者派遣供給業者である「手配師」だ。

手配師は、寄せ場で集めた労働者を現場に連れて行き、支払われる賃金の1割程度を紹介料として取る。労働者はセンター周辺に集まった車のフロントガラスに置かれた「9000円・8時〜17時・枚方市・一般土工」「12

000円・8時~17時・京都市・鉄筋工」といった求人カードを見て手配師と交渉する。話が決まると、車に乗り込み、事務所（多くの場合、飯場でもある）に向かい、そこから各現場へ振り分けられる。そして、現場で1日仕事をし、夕方に賃金をもらって契約終了となる。基本的に、日雇労働者はこのサイクルをくり返す。明日仕事があるかどうかは、仕事を探しに行ってみないとわからない。その意味で、日雇労働は不安定雇用・派遣労働の極限形態といえる。こうして、日雇労働者は仕事があるときには目一杯使われ、仕事がなくなると一気に就労から切り捨てられるという「労働力の調整弁」「景気の安全弁」として使われ続けていた。

よく知られているように、戦後に制定された職安法は、仕事をあっせんする代わりに賃金をピンハネする労働者供給事業を、中間搾取や強制労働の恐れのある制度、とりわけ封建的な身分関係を前提とする制度として全面禁止した。その後、86年に13の専門的業務について派遣を認める「労働者派遣法」が施行され、さらに99年の派遣法改正によって労働者派遣が原則自由化される。だが、実は建設・港湾・警備現場への労働者派遣は当時もいまも認められていない。もちろん釜ヶ崎の労働者手配も本来であれば禁止対象だ。だが、厚生労働省自ら、この違法な求人活動を「相対《あいたい》方式」と呼んで黙認し続けてきた。

また、日雇労働者は、雇用先の建設土木会社から（正規雇用労働者であれば保障される）健康保険、社会保険、年金、健康診断などの保証はほとんどされていない。そもそも、日雇労働者は危険、汚い、きついという「3K労働」のなかで、労災もみ消し、賃金未払い、飯場での暴力、労働条件の約束違反といった問題に常に直面していた。

日雇労働者が仕事を求めて集まる「寄せ場」は、労働者が生活する簡易宿泊所が密集する「ドヤ街」（「やど」の逆読みと言われる）でもある。釜ヶ崎にはドヤが最盛期には200軒ほどあった。ドヤの多くは1泊1500円程度で2畳程度しかない。1泊1500円ならアパートを借りた方が安上がりだが、アパートを借りるには入居時に20万円以上の敷金・礼金が必要になる。しかし、日雇労働者は収入が不安定であるため、お金を貯めてアパートに入っても次の月には家賃が払えなくなるかもしれない。何度も敷金・礼金を払うリスクを考えると、1泊ずつ泊まることができるドヤを選ばざるをえない。こうして、「仕事が不安定→住居も不安定」になる。さらに、ドヤなどでは住民票を取ることができず、就職のときに不利になる。こうして「仕事が不安定→住居が不安定→仕事が不安定」という悪循環が生まれた。これは、いま「ネットカフェ難民」などの形で再現されている。

このように、寄せ場では「不安定雇用」「派遣労働」「住居の不安定」「労災の多発」「単身者が多く家族を頼ることできない」「セーフティネットの不備」などの問題が集中していた。90年代後半まで、日本のほとんどすべての野宿者が日雇労働者だったのはこのためだ。

しかし、98年に不況が深刻化し、全国で野宿者数が急増した。この頃から私たちが夜回りで会う野宿者に、日雇労働を経験していない人たちが大勢あらわれ始めた。それまでの職業を聞いてみると、板前、自衛官、会社員、会社社長、教師……。多くの人たちが、不況による「失業」によって野宿になっていた。たとえば、その頃夜回りでは「調理師をしていた」という人に何人も会うようになった。「なんでだろう」と思っていたが、考えてみると調理師の人たちは料理店に「住み込み」で働く人が多い。その人は、店が潰れると同時に住む場所も失ってしまう。つまり、「失業と野宿」がセットになっているということに気がついた。そして、この「労働型住宅」はやがて「派遣切り」で大きな問題になる。製造業などで働く派遣労働者は工場で住み込みで働くことが多いが、仕事を切られると同時に住宅も追い出され、いきなり野宿になるケースが大量にあらわれたのだ。

そしてこの時期から、それまで野宿問題とは無縁だったあちこちの地方都市で野宿者が目立つようになってきた。さらに、「ワーキングプア」「日雇い派遣」「ネットカフェ難民」「派遣切り」「子どもの貧困」などの貧困問題が、それこそ半年交替のように次々とあらわれ始めた。

最大の問題となったのが、「フリーター」「派遣労働者」といった「非正規雇用」の問題だ。80年代後半から「フリーター」などの形で若者の非正規労働が激増し、さらに「派遣労働」の問題も拡大した。以前から多くの既婚女性や学生がパートやアルバイトなどの非正規で働いていたが、その規模が90年代に一気に拡大し、「正社員で働きたいのに非正規でしか働けない」人が急増したのだ。いまでは労働者の4割弱がパート、アルバイト、派遣などの非正規労働者になっている。

厚生労働省の調査では、07年6月の平均の給料は、正規雇用者は31万8000円、非正規雇用者は19万3000円。正規雇用者を「100」とすれば非正規雇用者の給料は「65」しかない。つまり、正社員に比べてフリーターなど非正規雇用の労働者は、同じような仕事をしても賃金が低いうえ、クビにされやすい。労働に関して、いわば「日本全体が寄せ場化した」状態がやってきたのだ。

99年の「労働者派遣法改正」から、日本全国で「日雇い派遣」が急増した。人材派遣業者（手配師）から携帯電話やメールで仕事の紹介を受けて、1日限りの職場で働いて賃金を受け取る労働形態だ。この日雇派遣で働く労働者のかなりは、仕事のある日にフルタイムで働いてもアパート代が払えず、ネットカフェやマンガ喫茶で寝泊まりを続けている。「ネットカフェ難民」は、全国で約5400名と推計された（「住居喪失不安定就労者の実態に関する調査」〈厚生労働省、2007年〉）。20代が最も多くて26.5%。非正規の労働者が半数の2700名で4割が野宿を経験している。平均月収は東京で10万7000円、大阪で8万3000円。ネットカフェに泊まりながら、明日あるかどうかわからない日雇仕事を捜し続けるこれらの若者たちは、私が暮らしてきた釜ヶ崎の日雇労働者そのままだ。「日雇労働者がリハーサルし、（フリーターをはじめとする）非正規労働者が本番をやっている」状態に突入したのだ。

それでは、現在の「寄せ場」はどうなっているのか。釜ヶ崎はいまも地区近辺で1000名近くが野宿を続ける「不安定雇用と貧困、野宿が日本で最も集中する街」となっている。いま、釜ヶ崎では多くの日雇労働者や野宿者が続々と生活保護を受けてアパートに入り「高齢者の福祉の街」になりつつある。

「2006年度予算の政令市の生活保護費は、2290億円の大阪市が2位の札幌市（931億円）を大きく上回り断然トップ。中でも西成区の増加は著しく、2005年度は493億円と福岡市とほぼ同額になった」「全国知事会と全国市長会の『新たなセーフティネット検討会』の座長を務めた木村陽子・地方財政審議会委員はこう警鐘を鳴らす。『ワーキングプア層が今後、高齢化することを考えると、西成区の現実は、日本各地で起きる可能性がある。社会全体で根本的な対策を考えるべき時期に来ている』」（産経新聞07年1月3日）。

そして、大阪市は09年度予算で過去最高の2443億円の生活保護費を計上し（一般会計の15%にあたる）、西成区で2万6067名、釜ヶ崎近辺（あいりん地域）だけで1万名近くが居宅の生活保護を受給している（09年9月）。釜ヶ崎では、「3人に1人が生活保護」という状況だ。「日本全国が寄せ場化」したいま、現在の山谷や釜ヶ崎は日本の将来の姿だといえるだろう。一方、現在の日本は60年代の寄せ場に近いかもしれない。つまり、放っておけば暴動が頻発し始めていく状況ということだ。

◉「唯一のセーフティネット」としての生活保護

日本国憲法第25条は「生存権」として1項で「すべて国民は、健康で文化的な最低限度の生活を営む権利を有する」とし、2項で「国は、すべての生活部面について、社会福祉、社会保障及び公衆衛生の向上及び増進に努めなければならない」としている。そして、生活保護法第1条は「生活に困窮するすべての国民に対し、その困窮の程度に応じ、必要な保護を行い、その最低限度の生活を保障する」としている。つまり、憲法と生活保護法が守られていれば、「究極の貧困」である野宿を強いられる人が存在するはずはない。しかし、野宿者が福祉事務所に相談に行くと、たいていの場合こう言われて追い返されていた。

「あなたはまだお若いじゃないですか。まだ働けるでしょう」
「あなたには住む家がないじゃないですか。住所のない人には生活保護はかけられませんよ」

行政は長年、アパートなどへの生活保護の適用は「住所があって」「65歳以上」の人に限るという方針を採ってきた。実は、これは法律的根拠がまったくないただの「慣例」である。住所があって収入がなくなった人については保護をかける（はず）なのに、住むところさえ失った野宿者には生活保護を拒否するという、訳のわからない対応がいままでまかり通ってきた。その結果、「仕事には行けないし、生活保護も受けられない」という「50代で体のどこかが調子の悪い人」が日本の野宿者の大多数になった。

野宿問題の深刻化とともに、こうした根拠のない違法な制限に対して批判が集まり、野宿者の生活保護適用について裁判が起こされた（名古屋の林訴訟〔本書第1章〕、釜ヶ崎の佐藤訴訟〔本書第2章〕）。02年、厚生労働省は通達「ホームレスに対する生活保護の適用について」で「居住地がないことや稼働能力があることのみをもって保護の要件に欠けるものではないことに留意し、生活保護の適正な実施に努めること」と通知したが、現場の対応はほとんど変化しなかった。

09年1月、派遣村の入村者約500名のうち250名を超える人びとが生活保護の申請をし、数日のうちにアパートでの生活保護開始決定を得た。「派遣切り」による多数の野宿という事態を受けて、行政がそれを放置することができない社会的情勢が作られたのだ。これ以降、生活保護のハードルが下がり、全国で生活保護受給者が急増し始めた。

最も野宿者数が多い大阪では、2月に「失業と野宿を考える実行委員会」が、西成区の野宿者に対応する「市立更生相談所」に生活保護の集団申請行動を行った。その結果、市立更生相談所の敷金支給数は08年10月35件、11月45件、12月67件、1月40件と推移していたのが、集団申請活動以降、2月200件、3月153件、4月231件、5月252件、

6月358件、7月370件と激増した。それまで「水際作戦」で野宿者を追い返し続けた方針が転換し、生活保護法が普通に機能する状態になったのだ。

もともと大阪市は生活保護の受給世帯が全国最多だったが、09年4月の受給申請数は3246件で、前年4月の1.9倍になった。大阪市だけで毎月300名以上が野宿になるのを、生活保護でなんとか食い止めているともいえる。こうして、大阪市の生活保護受給は09年8月に10万世帯を突破した。日本全国では、09年度に生活保護受給が127万世帯を超え、多くの市町村で「生活保護受給が過去最多」というニュースが続発している。

いま、生活保護を受給する野宿者が激増し、その結果、貧困の激化に対して野宿者数はさほど増えてはいない。もちろん、生活保護が貧困に対して機能するのは当然だ。しかし、09年になって夜回りをすると「最近まで生活保護を受けていたが部屋から出てきた」という人に会うことが増えてきた。「アパートの人とケンカして出てきた。もう帰れない」「お金を使い込んだ」「生活保護を受ける前の借金を返して、お金が足りなくなって家賃が払えなくなって出てきた」「隣の部屋の人が私を憎んでいて壁をガンガン叩くので生活できない」などの理由だ。話を聞くと、「被害妄想」や生い立ちからくる「人間不信」などがあり、「本人の責任」で済む問題はあまりないように感じる。ただ、こうした場合、生活保護を再度受給すること、そして維持することに多くの困難がある。また、生活保護を維持し続けていても、人間関係や社会関係が途絶えてしまう人も多く、いわば「経済の貧困」から社会的な「関係の貧困」に陥ってしまうケースも多い。「生活保護を受けてから」の支援の必要性が高まっているが、同時に「(お金を支給するだけの)生活保護だけでいいのか」が大きな課題になりつつある。

◉襲撃・排除・健康

野宿の現場にかかわっているとさまざまな問題に出会うが、それを大きく分けると、「襲撃・排除・健康」として考えることができる。

「貧困者へのリンチ」である野宿者襲撃は途絶えることなく続いている。野宿者襲撃が日本で最初に社会問題となったのは、82年末から83年2月にかけて横浜市で起こった「浮浪者襲撃事件」（当時こう報道された）だった。14～16歳の少年10名が野宿者を次々に襲い、3名が死亡、十数名が重軽傷を負った事件である。少年たちは、逮捕されたとき「こんなことで逮捕されるの?」「骨が折れるとき、ボキッと音がした。それを聞くとスカッとした」「やつらは抵抗しないから、ケンカの訓練にもってこいだった」などと語り、日本社会に大きな衝撃を与えた。しかし、こうした野宿者襲撃事件は以後、途絶えることなく続き、おおよそ年に2～3名の野宿者が少年グループに襲われて殺されるという事態が続いている。

09年4月には、東京都江戸川区で区立中学3年の男子生徒が野宿者襲撃で逮捕、同級生4名が補導された。少年たちは前年11月から投石をくり返していたが、4月8日、路上で65歳の野宿者の頭を長さ90㎝の鉄パイプで殴り、脳挫傷などの重傷を負わせた。少年たちは近くの高速高架下で寝ていた男性にコンクリート片を投げ、追いかけてくると「死ね」「生きている価値がない」などと言いながら角材をぶつけ、顔に消火器を噴きつけるなど30分間にわたり暴行したという。

09年10月末には神戸大学の学生が野宿者襲撃に見える映像を公開するという問題が起こった。問題の動画は、若者が三宮で寝ている人の上を飛び越えながらなにかを顔面に投げつけ、「深夜の大都会で寝ている不届き物《ママ》に大沢親分顔負けの『喝っ』! 助走をつけ力走した生卵が顔面（口）に直撃。口から血が出てました」というコメントがあるというものだった。これに対し、神戸大学は自作自演の動画を撮影しインターネット上に投稿したとして、4年の男子学生を厳重注意としたと発表した。同大が学生に直接事情を聞いたところ、学生は友人が扮装したうえで襲撃のパフォーマンスをし、その一部を映像に撮った。友人だけに見せるつもりだったが、動画がその範囲を超えて公開される仕組みを知らなかったという。

これが本当に自作自演かどうかは判断しがたいが、自作自演だとしても「〝襲撃風景〟を撮影し友だちで回覧して楽しむという発想自体があまりに異常だった。この大学生たちの間では、野宿者への襲撃が笑いのネタとなっていたとも考えられるからだ。この学生たちは野宿者を「不届き者」と考え、社会的制裁のひとつとして襲撃（あるいはその自作自演）を行ったのではないか。こうした野宿者への差別・偏見こそ問題だったはずだが、その問題は当人にも大学にも問題にされなかった。

襲撃問題については、神奈川県川崎市の取り組みが注目される。95年、川崎市でも野宿者襲撃が多発し、支援団体「川崎水曜パトロール」が川崎市教育委員会との交渉を行った。そして、教職員向け「啓発冊子」の作成、市内の180校全部（市立の幼稚園、小・中学校、および市立と県立の高校）への冊子の配布と学校への市教委の指導、「襲撃防止ホットライン」（24時間365日電話）の設置、その他、路上への訪問を含めた学校での授業、いくつかの学校での生徒会討論、学校の授業での川崎水曜パトロールの会による講演といった取り組みが実行された。川崎市では、こうした教育現場での取り組みの結果、野宿者への襲撃がそれまでの半分以下にまで激減したと報告されている。教育現場の取り組みは野宿者襲撃に対して劇的な効果を持つのだ。

08年、「ホームレス問題の授業づくり全国ネット」（共同代表 生田武志・北村年子）が支援者・メディア関係者・教員などによって結成された（10年8月現在305名が参加）。結成以降、セミナーや教育委員会との交渉などを行い、09年には学校での授業に使うことを想定した教材用ＤＶＤ『「ホームレス」と出会う子どもたち』を発売した。また、江戸川区の襲撃については区教育委員会に、神戸大学の事件については大学に対して話し合いを求め、江戸川区では教員に対する研修などを実現している。

野宿者の強制排除についてよく知られているのは全国で起こった「行政代執行手続き」によるテントの撤去だろ

う（行政代執行とは行政上の強制執行の一種）。名古屋市の若宮大通公園（98年）、大阪市の今宮中学校脇道路（98年）、北九州市の勝山公園（00年）、名古屋市の白川公園（05年）である。しかし、こうした「行政代執行手続き」以外にも、公園や路上からの排除は日常的に行われている。

左頁左側の写真は、大阪市内の環状線の高架下だ。大阪市がここで野宿者していた何人かを追い出したうえでフェンスを厳重に張り巡らせている。

左頁右側の写真は池袋西口公園にある異様なベンチ。このすぐ横にある東京芸術劇場では、夜になると多数の野宿者がダンボールを敷いて寝ているが、ベンチがこのような形なので、ここでは絶対に寝ることができない。こうしたタイプのベンチが全国で広まっている。あたりまえだが、公園や路上を追い出された人たちは別の公園や路上に移動しただけで、まったく問題の解決になっていない。

04年、新潟で地震が起こったとき、多くの被災者は体育館などで雑魚寝の避難生活を続けたが、そのなかでショック死が続発した。被災者からは、「よく眠れない」「あったかい風呂に入りたい」「プライバシーがない生活は苦しい」「畳の上で寝たい」「毛布が足りない、布団がほしい」「ストレスに加え、将来への不安も感じている」などの声が伝えられた。しかし、これは野宿者の声そのままである。現状の野宿者の多くは、経済的な原因で家を失った、いわば「経済の被災者」ともいえるだろう。しかし、震災の被災者と違い、社会的な支援が少ない野宿者は、その緊急避難を何年にもわたって続け、しかも「ここはみんなが使う場所だ、個人が生活する場所ではない」と追い出しにあっている。

こうした状態にある野宿者の健康状態は、当然だが非常に悪い。野宿者はお金がないので病院に行けない。調子が悪くても我慢し続け、徐々に悪化していく。また、野宿の状態は心身に負担がかかり、病状が悪化しやすい。08年の池袋で野宿している人たちに対する調査では、「うつ病が40％、アルコール依存症が15％、統合失調症な

ど幻覚や妄想のあるケースが15％。複数の症状を発症しているケースもあり、63％が何らかの精神疾患を抱えていた」という結果が出た。また、「国境なき医師団」は数年間、東京や大阪の野宿者への医療活動を続けていたが、そのメンバーはいくつかのデータから「大阪市の野宿者の医療状況は海外の難民キャンプのかなり悪い状態に相当する」と言っていた。また、釜ヶ崎の結核罹患率はカンボジアや南アフリカよりも2倍近く高い「世界最悪の感染地」（毎日新聞06年9月4日）と報道された。原因は、栄養不足とシェルターやドヤなどの過密な居住状態、そして不安定な生活状態にある。

子どもの無保険問題をはじめ、「貧困であるために健康が悪化する」「医療へアクセスできない」ということが日本でも問題にされつつある。しかし、ずっと以前から野宿者はその極限の状態にあったのだ。野宿はいわば「極限の貧困」状態で、その心身に対する凄まじいストレスと過酷な生活を考えると、「構造的暴力」という言葉が適切だと思われる。

一方で、女性の野宿者の中には、「以前の家族や職場に戻るぐらいなら、野宿している方がマシ」と言う人がかなりいる。

「一連の野宿者を対象とする実態調査のなかで、多くの男性野宿者が、もとの『仕事』（建設日雇い労働）、もとの『場所』（ドヤ、宿舎など）へ帰ることを求めてやまないのに対して、女性野宿者の多くが、決してもとの『場所』に帰りたいとは考えていない。……かつて、彼女たちのいた『場所』とは、住みこみの料理屋や水商売の従業員宿舎や、小さな町工場、子どもや夫のいた『場所』である。それらの『場所』に彼女たちは帰ることを拒否している」（文貞實「野宿とジェンダー」Shelter-less. 03年冬号）。

「失業」によって野宿になった男性は、そのほとんどが「昔みたいに仕事さえあったら」と言う。しかし、女性野宿者の場合、その多くは（暴力をふるう夫のいる）「家」や（セクハラ・パワハラのある）「職場」に戻るぐらいなら「野宿の方がマシ」と言う。

「究極の貧困」としての野宿生活のなかでも、女性野宿者は疑いなくさらに苛酷な生活を送っている。しかし、その野宿生活ですら彼女たちにとっては「元の生活」よりときとして「マシ」なのだ。そこでは、野宿者の「社会復帰」という言葉は完全に意味を失ってしまう。

また、数は少ないが「野宿生活の方にこそ、豊かさがある」と自ら野宿生活を選択する人もいる。経済的には貧困かもしれないが、多様な人間関係や生活の創意工夫がある「野宿」にこそ（経済以外の）「豊かさ」があるという主張だ。それはやはり、「一般社会」に存在するさまざまな暴力や抑圧を物語るものかもしれない。

◉カフカの階段

貧困や野宿になる状態を一目で見渡すため、「カフカの階段」という図をよく使っている（左頁参照）。この図にあるように、最初は「ある程度お金があって家もある」人が、何かのきっかけで「貧困」、そしてそのひとつの極限といえる「野宿」になっていく。

「労働からの排除」として「失業、不安定雇用、無業、労災、ワーキングプア」、「健康からの排除」として「高齢化、障がい、事故、病気」、「家族からの排除・脱出」として、「DV、離婚、虐待」を挙げた。

私がいる野宿者ネットワークには、20~30歳の若い人から「今日から寝る場所がない」という相談が時々くる。私はその人たちに「実家に帰ることは無理なんでしょうね」と一応確認する。すると、たとえば「私の母親は母子家庭で、私の他に子どもが4人いて生活保護を受けています」「父親は私の財布から何度も金を取って警察沙汰になりました」「私の母は再婚しましたが、私と義理の父親との関係がとても悪くてとても帰れません」といった答

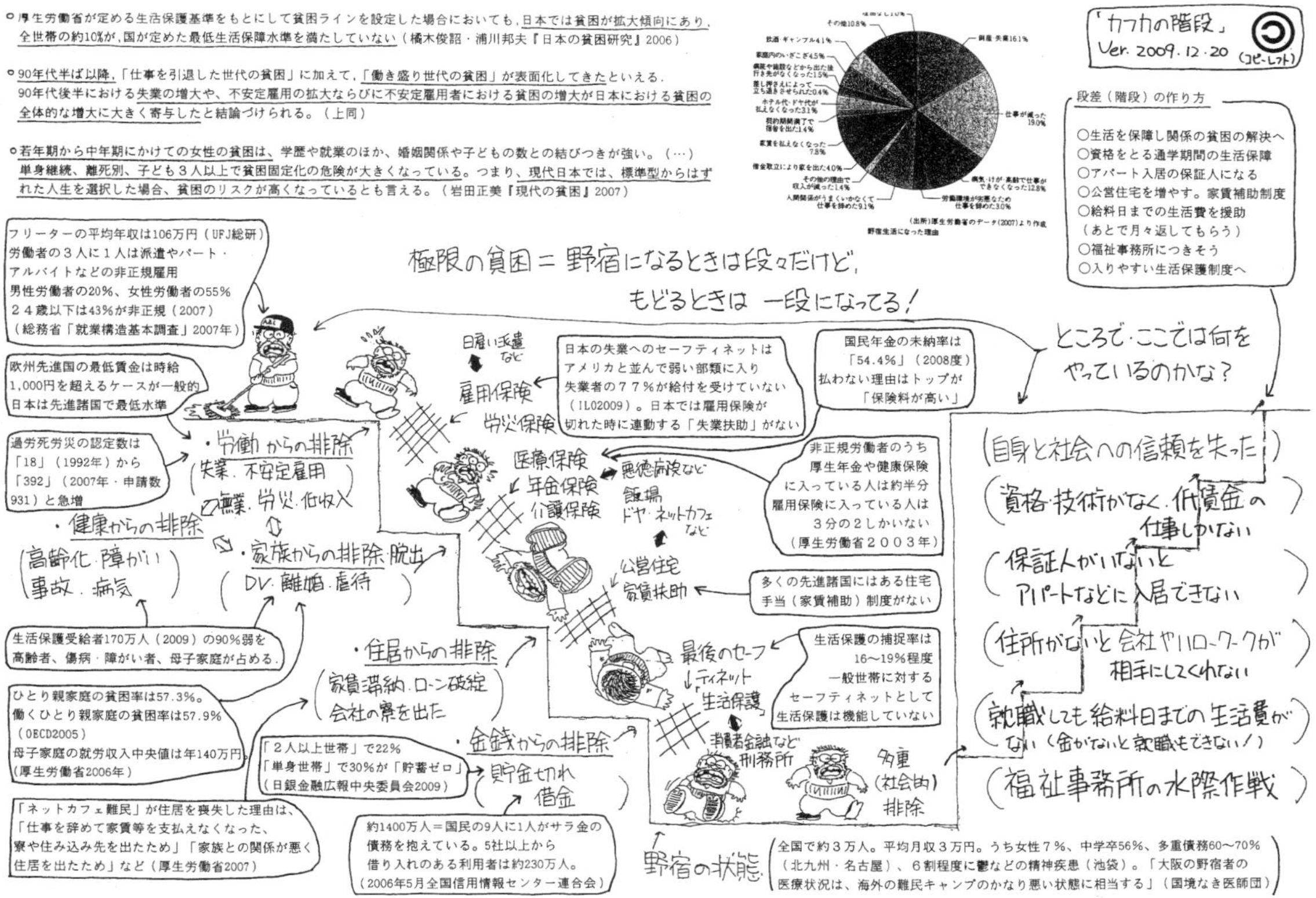
○厚生労働省が定める生活保護基準をもとにして貧困ラインを設定した場合においても，日本では貧困が拡大傾向にあり，全世帯の約10%が，国が定めた最低生活保障水準を満たしていない（橘木俊詔・浦川邦夫『日本の貧困研究』2006）
○90年代半ば以降，「仕事を引退した世代の貧困」に加えて，「働き盛り世代の貧困」が表面化してきたといえる．90年代後半における失業の増大や、不安定雇用の拡大ならびに不安定雇用者における貧困の増大が日本における貧困の全体的な増大に大きく寄与したと結論づけられる。（上同）
○若年期から中年期にかけての女性の貧困は、学歴や就業のほか、婚姻関係や子どもの数との結びつきが強い。（…）単身継続、離死別、子ども３人以上で貧困固定化の危険が大きくなっている。つまり、現代日本では、標準型からはずれた人生を選択した場合、貧困のリスクが高くなっているとも言える。（岩田正美『現代の貧困』2007）
野宿生活になった理由
（出所）厚生労働省のデータ（2007）より作成
「カフカの階段」
Ver. 2009.12.20（コピーレフト）
段差（階段）の作り方
○生活を保障し関係の貧困の解決へ
○資格をとる通学期間の生活保障
○アパート入居の保証人になる
○公営住宅を増やす。家賃補助制度
○給料日までの生活費を援助
（あとで月々返してもらう）
○福祉事務所につきそう
○入りやすい生活保護制度へ
極限の貧困＝野宿になるときは段々だけど，
もどるときは 一段になってる！
ところで，ここでは何をやっているのかな？
フリーターの平均年収は106万円（UFJ総研）
労働者の３人に１人は派遣やパート・アルバイトなどの非正規雇用
男性労働者の20%、女性労働者の55%
２４歳以下は43%が非正規（2007）
（総務省「就業構造基本調査」2007年）
欧州先進国の最低賃金は時給1,000円を超えるケースが一般的
日本は先進諸国で最低水準
過労死労災の認定数は「18」（1992年）から「392」（2007年・申請数931）と急増
・労働からの排除
（失業・不安定雇用
⇗無業・労災・低収入）
・健康からの排除
（高齢化・障がい
事故・病気）
・家族からの排除・脱出
（DV・離婚・虐待）
生活保護受給者170万人（2009）の90%弱を高齢者、傷病・障がい者、母子家庭が占める．
ひとり親家庭の貧困率は57.3%。
働くひとり親家庭の貧困率は57.9%
（OECD2005）
母子家庭の就労収入中央値は年140万円
（厚生労働省2006年）
・住居からの排除
（家賃滞納・ローン破綻
会社の寮を出た）
「２人以上世帯」で22%
「単身世帯」で30%が「貯蓄ゼロ」
（日銀金融広報中央委員会2009）
・金銭からの排除
（貯金切れ
借金）
「ネットカフェ難民」が住居を喪失した理由は、「仕事を辞めて家賃等を支払えなくなった、寮や住み込み先を出たため」「家族との関係が悪く住居を出たため」など（厚生労働省2007）
約1400万人＝国民の9人に1人がサラ金の債務を抱えている。5社以上から借り入れのある利用者は約230万人。
（2006年5月全国信用情報センター連合会）
日雇い派遣など
雇用保険
労災保険
日本の失業へのセーフティネットはアメリカと並んで弱い部類に入り失業者の７７%が給付を受けていない（ILO2009）。日本では雇用保険が切れた時に連動する「失業扶助」がない
国民年金の未納率は「54.4%」（2008度）
払わない理由はトップが「保険料が高い」
医療保険
年金保険
介護保険
悪徳病院など
飯場
ドヤ・ネットカフェなど
非正規労働者のうち厚生年金や健康保険に入っている人は約半分
雇用保険に入っている人は３分の２しかいない
（厚生労働省２００３年）
公営住宅
家賃扶助
多くの先進諸国にはある住宅手当（家賃補助）制度がない
最後のセーフティネット
生活保護
生活保護の捕捉率は16～19%程度
一般世帯に対するセーフティネットとして生活保護は機能していない
消費者金融など
刑務所
多重（社会的）排除
野宿の状態
全国で約３万人。平均月収３万円。うち女性７%、中学卒56%、多重債務60～70%（北九州・名古屋）、６割程度に鬱などの精神疾患（池袋）。「大阪の野宿者の医療状況は、海外の難民キャンプのかなり悪い状態に相当する」（国境なき医師団）
（自身と社会への信頼を失った）
（資格・技術がなく，低賃金の仕事しかない）
（保証人がいないとアパートなどに入居できない）
（住所がないと会社やハローワークが相手にしてくれない）
（就職しても給料日までの生活費がない（金がないと就職もできない！））
（福祉事務所の水際作戦）

えが返ってくる。つまり、貧困な若者のなかでも「親を頼ることのできない」人たちが野宿になっているのだ。

「住居からの排除」として、「家賃滞納、ローン破綻、会社の寮を出た」を挙げた。たとえば、09年度上期（4～9月）に全国で競売にかけられた一戸建て住宅やマンションが、前年同期比46.3％増の3万180件に達した（不動産競売流通協会）。失業や収入急減で住宅ローン返済が行き詰まり、金融機関から自宅の競売を申し立てられるケースが急増し、借金を払えずに自宅を失う「ローン難民」が拡大しているのだ。

「金銭からの排除」として「貯金切れ、借金」を挙げた。08年に「貯蓄ゼロ」の世帯は「2人以上世帯」で22.1％、「単身世帯」（20～70歳未満）で30.0％（日銀金融広報中央委員会）。つまり、日本の「10軒に2～3軒」が「貯金なし」で暮らしている。失業してもケガや病気をしても家がなくなっても「お金」があればなんとかなる。だが、「貯金ゼロ」ではなにかあればたちまち生活に困ってしまう。こうして、全国の「9人に1人」がサラ金からお金を借りているという「借金大国ニッポン」の状況が生まれている。

◉セーフティネットの現状

本来、こうしたトラブルがあっても階段から落ちないように「網」が張ってあるはずだ。これを「セーフティネット」（安全網）という。しかし、いまこのネットがボロボロになって、どんどんそこから人が落ち続けている。

「失業」しても雇用保険（失業保険）を受給できれば、それで生活しながらゆっくり次の仕事を探すことができる。たとえば、「年越し派遣村」に集まった派遣労働者は雇用保険がなかったのだろうか。もちろん、なかったから野宿になっていたのだ。日本の失業者のうち「77％」、210万名が失業給付を受けられない（国際労働機関ＩＬＯ・09）。この比率はドイツの13％など、欧州諸国と比べてはるかに高い。

「住まいのセーフティネット」として、家賃の安い「公営住宅」がある。日本の公営住宅は218万戸（07年度）で、

2年前から1万戸減った。住宅総数に占める公的住宅の割合は7％で、イギリス22％、フランス18％に比べてはるかに低い（アメリカは4％国土交通省）。公営住宅の応募倍率は全国平均で8.7倍（07年度）。東京都の08年5月の都営住宅の入居応募は、公募956戸に対して申込者数が約5万5000名で「倍率58倍」だった。「宝くじよりあたらない」セーフティネットが日本の公営住宅だ。

すべての生活保障が機能しなかったときの「最後のセーフティネット」といわれる「生活保護」はどうだろうか。生活保護を受ける人が急増しているが、福祉事務所が65歳以下の人や野宿者など家のない人を追い返す「水際作戦」がいまでも続いている。

09年11月、私は66歳の野宿者と夜回りで会い、生活保護の相談を受けた。病院に行くと頚椎などに問題があって医師から「療養」の指示が出た。野宿していた浪速区の区役所に生活保護の申請に行ったが、「あなたは以前に寮に入って、自分で出たことがあるでしょう。そういう人は生活保護は受けられません」と追い返されてしまった。医師が「療養する必要がある」と判断した人を、事実上「12月も野宿を続けなさい」と役所が追い返したのだ。再度相談し、釜ヶ崎の「ふるさとの家」の相談員が申請書を作って市立更生相談所に行くと、今度はアパートで生活保護を受けることができた。こうして、野宿者を追い返す違法な「水際作戦」は依然として続いている。

私たちのところには20代、30代の若い人からの生活相談が増えているが、いろいろ方法を考えても、結局「生活保護」しか方法がない場合が多い。いまや生活保護は「最初で最後」の、つまり「唯一のセーフティネット」になっているのだ。

◉セーフティネットの綻びに入り込んだ「貧困ビジネス」

このセーフティネットの「綻び」「空洞化」に入り込んだのが、貧困につけ入りそれを再生する「貧困ビジネス」

だ。野宿者の場合、「生活保護ビジネス」と「悪徳病院」が大きな問題になっている。

住居がなくなった人には「ドヤ（簡易宿泊所）」「ネットカフェ」「ゼロゼロ物件」が「貧困ビジネス」になるが、近年、野宿者をスカウトして生活保護費をピンハネする「悪徳生活保護業者」が社会問題になった。「業者」は夜回りや炊き出しなどをして「アパートに入って生活保護を受けられるよ」「いま受けないと受けられなくなるよ」と野宿者に声をかけ、法定限度一杯の家賃（東京で5万3700円、大阪4万2000円）で生活保護を申請する。アパートといっても、元ドヤ（簡易宿泊所）で、布団を敷いたらカバンをおけるだけという場合も多い。業者は、集めた元野宿者から月々に受給する生活費をピンハネし、本人には「お小遣い」しか渡さないようにする。元野宿者としては、野宿していたところを「部屋に住めるようにしてくれた」という恩を感じているのでなかなか文句が言えない。こうして生活保護費が、本人が逃げ出すかあるいは死ぬまでピンハネされ続ける。

こうしたビジネスは、「無料低額宿泊所」（社会福祉法に基づき、生活困窮者を無料または低額で受け入れ、自立できるように支援する施設）の形で行っていることがある。厚生労働省が09年10月にはじめて行った全国調査によると、無料低額宿泊所は6月末時点で全国に439施設あり入所者は1万4089名。入所者のうち9割以上の1万2894名が生活保護の受給者だった。調査では宿泊所439施設のうち3割の132施設が入所者の生活保護費を管理し、うち31施設では文書による契約なしに管理していた。また、保護費から利用料を除いた額が3万円に満たない施設は162施設（約37％）に上り、残りは宿泊費や食費として〝ピンハネ〟されていた。しかも、「仕事を探させないよう、門限も厳しかった。『出ていく』といえば『生活保護もなくなるぞ』と脅された」（産経新聞09年12月3日）という状況が伝えられている。

健康に関する貧困ビジネスで大きなニュースになったのが、09年7月、理事長と事務長が詐欺容疑で逮捕された山本病院（奈良県大和郡山市）の事件だった。

山本病院は入院患者の6割が生活保護による医療扶助を受けており、病院に入院していた生活保護受給者45名のうち大阪市内にいた野宿者が15名だった。理事長は、入院した生活保護受給者に病状説明をするとき、心筋梗塞や狭心症などの症状がなくても心臓カテーテル手術を強い口調で促し、整形外科の手術で入院してきた生活保護受給者にも「術前検査だから必要」と説明して心臓カテーテル手術を実施していた。カテーテル手術では、1回で60万~1000万の診療報酬が病院に入る。また、理事長はカテーテル納入業者から1月に200万円のリベートを受け取っていた。病院では、入院が1ヶ月を超えると診療報酬の加算がなくなるため、何度もタクシー運転手に入院していた受給者を大阪市内などに放置してくるように依頼していたという。

こうした病院の問題は、寄せ場や野宿者問題にかかわる者には数十年前からよく知られている。そして、「10年に1回」程度、マスコミで取りあげられて話題になるが、まったく問題が解決していない。

野宿者は病気が重症化していることが多い。そして、福祉事務所の窓口で相談すると門前払いされる人でも、救急入院ならただちに緊急の生活保護になる。重症化していると、病院は検査や手術などで多額の診療報酬を請求することができる。こうして「貧困であるために早期治療を受けられなかった」人たちを対象にしたビジネスが成立する。

「溺れる者は藁《わら》をもつかむ」という。貧困ビジネスは「藁をもつかむ」困窮した人たちの足下をみてボロ儲けしている。「貧困ビジネス」は、セーフティネットの綻びにつけこんだ産業だ。公的に行われるべきセーフティネットが、こうした「ヤミ」や「グレー」の民間業者によって補完されているともいえる。

◉自殺か刑務所か野宿かという「究極の三択」

日本では、失業率が上がると自殺者数・犯罪率・野宿者数が上がる。

09年は「失業」が原因の自殺が大幅に増え、08年を越える自殺ペースが続いている。これに対して、スウェーデンやデンマークではこの20年間、失業率が上下しても自殺率は低下し続けた。失業しても生活に困らないセーフティネットが整備されてきたうえ、国や地域で自殺予防対策が実施されてきたからだ。

そして、失業率は犯罪率ともリンクする。これも日本独特の現象で、アメリカ、イギリス、フランス、ドイツ、イタリア、カナダでは失業率と犯罪率はあまり相関していない。最近よく指摘されるのが、刑務所の「福祉施設化」だ。犯罪学者の浜井浩一は、刑務所で働いたとき、日本全体で受刑者が急増したうえに刑期が長期化しているなか、新たに受刑者になる人の多くが「65歳以上の高齢者、障がい者、生活習慣病を中心とする病気を持つ人、日本語に支障のある外国人」だと気がついたという。つまり「受刑者の多くが、何らかのハンデキャップを持っており、また、社会の中に存在するセーフティーネットから落ちこぼれた人たちであることがわかる」という（浜井浩一・芹沢一也『犯罪不安社会――誰もが「不審者」?』（光文社、2006年））。刑務所に入所した人たちのなかには、出所後にただちに生活困難に陥り、犯罪をくり返す人が少なくない。こうした問題に対応して、野宿者支援を行う「神戸の冬を支える会」などは、出所した人の生活支援活動に力を注いでいる。

このように、いま日本では貧困になった多くの人たちが「自殺するか」「犯罪を犯して刑務所に入るか」「野宿するか」という究極の選択を迫られている。貧困に対するセーフティネットが作られていれば、この「自殺・犯罪・野宿」の三択はかなり防ぐことができたはずだ。

これを防ぐセーフティネットで機能しているのは、いまはほぼ「生活保護」だけの状態だ。しかし、雇用保険、健康保険、住宅扶助など、生活保護手前のセーフティネットが使えていれば、社会にとっても本人にとっても負担ははるかに少なくすんだだろう。生活保護を切られると、無一文に近い「裸一貫」の状態で再出発しなければならないのも大きなハードルになっている。つまり、生活保護はそこから出ること（いわゆる「就労自立」）が難しい。

そもそも、賃金があまりに低いため、フルタイムで働いても生活保護水準より低いという「逆転現象」が続いている。そして、生活保護を受給している人に起こる社会的孤立（関係の貧困）も大きな問題だ。

一言でいえば、生活を保障しながら、同時に社会的孤立に陥らず希望を持てる施策が必要とされている。そのためには、公的就労、生活を保障したうえでの職業訓練、起業支援、ワークシェアリング、ベーシック・インカムなどさまざまな方法が提案されている。

たとえば、釜ヶ崎では就労対策を求める「反失業連絡会」による強い働きかけの結果、55歳以上の日雇労働者、野宿者対象に道路清掃などを行う「高齢者特別清掃事業」が行われている（94年〜）。予算は、現在は大阪府と大阪市によって捻出され、業務はＮＰＯ釜ヶ崎（釜ヶ崎支援機構）が委託されている。この事業には09年現在２０００名以上が登録し、１日５７００円の賃金の仕事を行っている。この事業の1日の紹介数は200名程度。仕事内容は、釜ヶ崎地区内の道路清掃、大阪市各所の保育所、公園のペンキ塗り、施設の補修、草刈りなどで、いずれの仕事も地域からの評判が非常によい。しかし現在、登録者に仕事が回ってくるのは「1月に4回」程度、月収で2万３０００円前後。つまり、野宿を脱する収入にはまったくならない。

「公的就労」と「生活保護」のちがいを一言でいうと、「お金を渡して、なおかつ働いてもらう」か「お金を渡すだけ」かである。現在、行政は野宿者対策の「公的就労」に消極的なまま結果的に「生活保護」を増やし続けているが、それは「お金を渡して働いてもらう」代わりに「お金を渡すだけ」にする不効率政策になっている。保育所のペンキ塗りや道路清掃の他、たとえばリサイクル事業や学校の警備、またＮＰＯ、ＮＧＯなどへの公的な就労支援が行われれば、野宿者だけでなく、社会全体にとって税金がはるかに有意義に使われるだろう。しかし、行政は「失業対策事業は国として行わない方針である」「予算がかかりすぎる」「民間企業への再就職で解決すべき問題だ」として公的就労事業の実施・拡大を拒否し続けている。

◉これからの日本

60〜80年代の日本では、国家による福祉政策は手薄だったが、国際的に異例なほどの低失業率と、家族の相互扶助の充実（実はそのいずれも「専業主婦」の存在を前提としていた）によって、野宿の問題はマイナーな問題にとどまっていた。ただ、「失業」にさらされやすく、「家族」からも切り離され、「国家」からも放置されてきた寄せ場の日雇労働者だけが、常に野宿に至る危険と隣り合わせの状態にあった。当時の野宿者のほとんどすべてが日雇労働者だったのはこのためだ。

しかし、90年代以降、日本は労働市場の変容（産業構造の転換による失業者の増大、失業の長期化、不安定雇用の増大）と家族像の変容に見舞われた。その結果、手薄い行政の生活保障に加えて、「市場の失敗」と「家族の失敗」が広がった。そして、雇用と家族の安定が失われたとき、生活保障を行う国家が前面に出るべきであるのに、日本はむしろ「規制緩和」「小さな政府」の方向へ急激に傾いた。

現状の日本は、行政によるセーフティネットの削減、そして市場による「細切れで低賃金な雇用形態」の増大によって生じている生活不安を「家族」が無理に担い続けている状況だといえるだろう。とくに、若者の貧困は「野宿」ではなく「親との同居」という形で多くが隠されている。

ここから考えられる対抗策はなんだろうか。当然、行政による生活保障（セーフティネット）の回復、そして「細切れで低賃金な不安定雇用」をある程度「中長期的でまともな賃金の雇用」形態に作り替えていくことである。行政については、自民党連立政権の末期以降、そして民主党連立政権になり、公的な生活保障はかなり改善された。しかし、貧困の根源ともいえる「不安定雇用」「低賃金」を作り出した企業はその姿勢をほとんど変えていないようにみえる。

いま、「不安定雇用」「低賃金」という「貧困の蛇口」が全開になっているのを、ほとんど生活保護だけで受け止めているような状態だ。生活保護が生活保障として機能するのはもちろん大きな意味がある。しかし、私たちは「貧困の蛇口」を止めなければならない。そして、それと同時に「市場・国家・家族」ではない、とくに「家族」とは別の開かれた「人と人とが支えあう関係」を作りあげることが重要な意味を持つかもしれない。ここ数年、全国各地で広がった野宿者支援の団体やネットワーク、反貧困運動の高まりは、その一端を示しているといえるだろう。

野宿問題は「極限の貧困」の一つの形であり、そこには日本社会がかかえる労働、差別、貧困、医療、福祉の矛盾が集中している。ある意味で、野宿の問題は私たちの社会を凝縮して示す「社会の縮図」なのだ。野宿の問題を考えることは、そのまま「私たちの社会はどういうものか」を考えることに直結する。野宿というひとつの極点から、わたしたちが希望を持てる、社会のあるべき形を作りあげていかなければならないのだ。

第Ⅰ部
裁判からみる野宿者問題

第1章　林訴訟

稼動年齢層に対する生活保護の適用

「審査請求を提案したのは、生活保護を拒否された理由が『働けるから』という明らかに違法な理由だったので、こんなことが社会的に通るはずがないと思ったからである。審査請求自体私たちははじめてであり、私たちは法学出身でも社会福祉の出身でもなかった。」

藤井さんが支援を決意した理由

支援者の視点

日雇労働者の生活保障をめざして

笹島診療所　藤井　克彦

96年10月30日、名古屋地方裁判所大法廷は、日雇労働者、仕事がなくて野宿を強いられている労働者、そして支援者で一杯であった。

いよいよ判決。

1　原告が平成5年7月30日にした生活保護の申請に対し、被告名古屋市中村区福祉事務所長がした（生活扶助・住宅扶助を認めない）生活保護開始決定を取り消す。

2　被告名古屋市は、原告に対し金25万円……の支払をせよ。

完全勝訴である。傍聴席では歓声があがり、互いに握手をしたりしている。原告林勝義さん（当時58歳）は満面の笑顔に包まれ、なんとも素晴らしい顔だ。

これが、生活保護を行政に拒否されて野宿を強いられた日雇労働者が訴訟ではじめて勝った瞬間の情景であった。

1 名古屋での支援活動と林訴訟の背景

「オイルショック」を契機とする深刻な不況のなかで、日雇い労働者が失業により野宿となり1年に10数名が餓死や凍死で亡くなっているとの報道が75年12月になされた。この報道が直接的なきっかけになって名古屋での日雇い労働者や野宿者への支援活動が始まった。「豊かな日本」のなかでなぜ同じ労働者が餓死・凍死していかねばならないのか、同じ労働者として日雇い労働者を見殺しにしてよいのかと考え、私たちは、名古屋駅周辺で野宿を余儀なくされている日雇労働者におにぎりとみそ汁配りを始め、すぐに救急搬送、福祉事務所行き、病院・施設訪問も行うこととなる。そのなかで、「おにぎりはいらんから仕事をくれ」という労働者の声は、私たちの心に重くのしかかった。しかし、私たちには失業問題はどうにもならなかった。

77年10月、国鉄が名古屋駅構内から野宿者を排除する計画を立てた。私たちは排除反対運動をする一方で、名古屋市には「日雇い労働者にアパート入居費用を出せ!」という要求をして福祉事務所や市役所での泊まり込み闘争を行った。入居費用を出させることには成功しなかったが、年末年始の無料宿泊所などの対策と通年の「住所不定者対策」が始まった。

90年代初頭に「あぶく景気」がはじけて深刻な不況となり、日本は大失業時代に突入した。名古屋市中心部でも91年には230名くらいだった野宿者が、92年には289名、93年には382名と増えていった。「失業して生活困窮に陥れば生活保護が受けられるはずであり、生活保護が受けられずに野宿に追い込まれている状況はどう考えてもおかしい。私たちは、行政が違法なやり方を続けるのであれば、法的に争うことも含めて闘う」ことを確認し、93年春から生活保障の闘いを重点的に始めた。

それまでの運動の成果で、野宿者が病気やケガで病院にかかりたい場合は福祉事務所に行けば受診ができるし、就労が困難と判断されると入院や生活保護施設入所となっていた。しかし、失業などで生活に困窮して生活保護申請をしても、受診の結果稼働能力ありと判断されると、その日の医療費だけを「医療扶助」として出すのみで、生活扶助・住宅扶助は認めないというやり方をしていた。

こうしたことは違法行為だが、全国的に当然の如く行われており、したがって稼働能力がある人の生活保護の権利を獲得することはきわめて重要な課題となっていた。

私たちは、野宿者に呼びかけて集団で保護申請をし、中村福祉事務所に生活保護を適用せよと迫まった。しかし個別的には成果があっても、基本的には違法なやり方を打ち破れない状況であった。どうしても法的に争って勝つ必要があった。そうしたときに私たちは林勝義さん（当時55歳）に出会ったのである。

2 林さんとの出会い、林さんの決意

林さんは、10年くらい前から主として飯場に入って建設仕事をしてきた。93年7月初旬、両足が時々けいれんを起し、また仕事がみつからず、名古屋駅前で野宿をせざるをえなくなり、私たち笹島診療所メンバーに相談をした。7月中旬から4回中村福祉事務所に行って生活保護を申請したが、福祉事務所は、「軽作業が可能だから」という理由で、医療扶助しか認めようとしなかった。

林さんはひょうひょうとした人だった。4度目の7月30日に同行していた私が、「林さんのためにも、みんなのためにも、法的に争って福祉事務所のやり方を改めさせよう」と提案したところ、林さんは即座に賛成し、「県庁に行こう」と言い始めたので、私は慌てて「未だ準備ができていないから待ってくれ」と言わねばならなかった。

林さんは、94年5月9日に名古屋地裁に提訴した後の11月に私たちの援助で中村区のアパートに入居したが、仕事はあったりなかったりで苦しい生活であった。林さんは、いわゆる活動家ではない。活動に慣れているわけではない一人の日雇い労働者が、野宿状況下で行政を相手に法的に争おうと決意すること自体大変なことである。ましてや辛い思いをしながらの長い裁判である。ひょうひょうとしていた林さんも、控訴審のときには、「もう裁判をやめる」と何度か言っていた。しんどいのである。仕事をして稼がなければならないし、生活は苦しいし、好きなこともしたいし……。私たちが生活上のことをうるさく言うのも、うんざりしたことであろう。林さんと私たちとは、互いに綱を引いたり、ゆるめたりの長い年月であった。原告を支えることは支援者にとって最も重要なことである。一方で、福祉事務所に対する怒りと野宿に突き落とされた無念さ、これが林さんが裁判に訴える理由であり、裁判を続けるエネルギーであったと思われる。

96年5月、ガンのため入院し闘病生活が始まり、生活保護を受けた。10月に第一審で勝訴をする。97年8月8日、控訴審で不当判決を受け、8月19日、林さんは怒りの上告をした。98年9月、ガンで再び入院し、10月に告知があり2回目の手術をした。しかし、前回のときのようには回復せず、99年10月22日、林さんは仲間に見守られながら、秋晴れのもと安らかに永眠した。

ガンと告知されても、楽天的な性格が幸いしたのか、「俺、ガンだわ」とけろっと言い、「また、裁判の打ち合わせに東京に行かんといかんわ」とも言っていた。林さんにとって、各地の弁護士、支援者、ケースワーカー、研究者と知り合いになったのは、ひとつの誇りで、病を知った各地の人からの手紙をベットの上で見せて、誇らしげに笑顔を浮かべていた。ニコッとしながら気軽に話しかけて築いたこの人間関係という財産は林さんの闘いを支えたし、私たちにもその財産を残してくれたのであった。病と闘いながら、さまざまな障害を乗り越えて闘い抜いてきた林さんがあってこそ、林訴訟があるのである。

3 支援運動の展開――どのようにして広がったのか

◉不服審査請求と運動の位置づけ

審査請求を提案したのは、生活保護を拒否された理由が「働けるから」という明らかに違法な理由であったので、こんなことが社会的には通るはずはないと思ったからである。審査請求自体私たちははじめてであり、私たちは法学出身でも社会福祉の出身でもなかった。後から思えば無謀といえるが、勝てるはずだという思いはあったし、なんとしても勝たねばならないという熱意で審査請求書を書いた。

この段階では裁判をすると決まっていたわけではない。しかし、私たちは裁判もありうるし、その態勢をつくる準備期間でもあると考えていた。そこで私たちは、①林さんだけの問題ではなく全国の野宿者・ホームレスの課題であることを訴え、全国の寄せ場・地域の闘いと連帯し、地元名古屋でホームレスを主体にした日常的な生活保障の闘いを進める、②各地の寄せ場の仲間に広げるだけではなく、法第4条1項（資産・能力の活用を保護の要件と規定）を厚生省が厳しく解釈し、保護を制限している「保護適正化」攻撃に対して、各地で闘っている生活困窮者、ケースワーカー、社会保障分野の人たちと連携していく、③長期的には、反失業闘争のひとつとして、生活保障か仕事保障（失業対策）かを迫っていく、という方針を立てた。

◉人から人へ――求めよ。さらば与えられん！

法律的にいくら正しくても裁判では必ずしも勝てるわけではなく、いかに運動を盛りあげるかが決定的に重要である。正直言って、笹島という狭いところで、しかもほんの少数で運動してきた私には、上記の方針に見通しがあ

左から苗木・左谷・内河・小川・林・藤井

ったわけではないが、とにかく全力で取り組むのだと決意していた。

まず戦後の社会保障運動を進めてきた研究者や運動体と出会うことが必要であった。そこで不服審査請求の段階からすべての書類を、各寄せ場・地域の仲間、知りあいの弁護士などだけでなく、笹島に関心を持っておられた研究者に送った。そうしたなかで、小川政亮金沢大学元教授、笛木俊一日本福祉大学助教授、庄谷怜子大阪府立大学教授など（肩書きはすべて当時）を次々と紹介してもらうこととなる。小川さんから便せん10枚にびっしり書かれた手紙をもらったときは、私たちの主張が間違っていないという確信がもてたし、大きな励ましであった。あるケースワーカーからは生活保護法制定当時の厚生省保護課長であった小山進次郎著『〔増補〕生活保護法の解釈と運用』が送られてきたので、「住居が定まっていなくても生活保護は受けることができるはずだ」「失業者も生活保護を受けることができるはずだ」という問題意識に引きつけて関係箇所を取り出し、それをどんどん引用した。とにかくこの本が大きな武器になった。

93年10月21日の愛知県知事の裁決後、私たちは日常的な生活保障を獲得する運動と再審査請求に取り組んだ。93年10月25日夜、庄谷さんから「柳園訴訟が勝訴したよ！」という電話をもらった。はじめて聞く声であったが以前からの知りあいのような電話で、心がジーンとした。竹下義樹弁護士の住所を教えてもらった。93年11月18日に再審査請求をし、94年2月9日に厚生大臣の棄却裁決が出た。

◉裁判運動——当事者運動への努力

提訴時には、刑事弾圧の救援でお願いしたことのある内河恵一・渥美裕資両弁護士に代理人をお願いし、地元研究者の協力が是非必要であるとの判断から、面識はなかったが笛木さんを事務局2人で訪れ、快諾を得た。

笛木さんの提案で6月に京都の柳園訴訟弁護団の竹下弁護士、尾藤廣喜弁護士などと弁護団が交流し、両弁護士も弁護団に入っていただくことになり、強力な弁護団がつくられた。こうして一生懸命訴えることにより、新しい出会いがあり、人から人へと次々に道が開かれていったのであった。裁判態勢の整備や支援者の広がりも、冒頭の第一審勝訴判決を導き出すことになった大きな要因である。

私たちは、裁判と並行して日常的に福祉事務所で生活保護申請支援を通して生活保障の闘いを行い、公判があるときは野宿者にニュースを配って傍聴を呼びかけ、大法廷（約80席）はいつもほぼ満杯であった。また公判の前後に学習会や報告会を行って、生活保護を受ける権利を浸透させようとし、福祉事務所での保護申請や不服審査請求も引き続き取り組んだ。

◉寄せ場から保護行政を問う運動として

再審査請求をした直後の93年11月20日に、日雇い労働者や野宿者支援運動を行っている他の地域・団体に呼びかけて、「寄せ場から生活保護行政を問う全国連絡会議」をはじめて開催した。その後も名古屋、東京、大阪、神戸と全国会議を続け、各地の生活保障の闘いの前進に寄与することとなる。

寄せ場学会の年報などにも適宜投稿を行い、問題提起を行った。

◉社会保障関係従事者との交流へ

提訴は全国的に注目された。いろいろと繋がりを求めていたこともあり、横浜と川崎の福祉事務所関係の労働組合から学習会に招かれた。95年2月には公的扶助研究会関西ブロックセミナーに林さんと私が招かれて記念講演を行い、分科会でも問題提起を行った。公扶研との出会いであり、その後全国セミナーでも「ホームレス」の分科会が設けられるようになり、定まった住居のない人の生活保護の権利について議論が深まっていくこととなる。こうして『公的扶助研究』誌や『東京ソーシャルワーク』誌にも投稿するようになる。

不服審査請求時は、出会いはあちこちにあったが点として残る感じであったが、ここに来て運動は点から面に広がるような感じであった。

◉研究者との共同で野宿者の聞き取り

庄谷さんからの提案で、野宿者の現状を明らかにするために、私たちの仲間でもあった田巻松雄名古屋商科大学助教授（当時）を中心に、名古屋でははじめての聞き取りを94年12月に行った。関連論文も含めて報告書を95年10月に作成し、その結果などを95年12月に庄谷さんが証人として証言した。また98年8月には政策提言をまとめ、愛知県や名古屋市に提言をし、愛知県との正式の話しあいも始まった。

◉ニュースと資料集の発行

運動を広げるという意味では、林訴訟を支える会は、公判前には毎回ニュースを作って全国に送付した。資料集も作成し、訴状・証言集・重要な準備書面を発行した。第一審では第1〜3集、控訴審では第4集、上告審では第5〜7集を発行し、それ以外にも総集編と弁護団と共同で総括パンフレットを出した。各地のケースワーカーや労働組合、研究者、支援団体に送付し、運動拡大の手段であるとともに結果的には運動の資金源にもなった。

◉名古屋市の職員労働組合への働きかけ

足下である名古屋市役所や福祉事務所の職員にどう広げるかも大きな課題であった。何度も足を運んだが、組合役員は訴訟の意義を理解はしてくれるものの、職員（組合員）に野宿者支援運動に対するアレルギーがあるとのことで、具体的にはなかなか話が進まなかった。それでも第一審判決を前にした署名運動に自治労名古屋が協力してくれた。

◉第一審勝訴の影響と控訴審以降

96年10月の第一審勝訴判決は全国に大きな反響を呼び、各種雑誌や団体から原稿の依頼があり、判決文や資料集の請求も続き、支援の輪は広がった。

控訴審も第一審と同様に取り組んだが、敗訴という予想外の結果となった。

上告審は法廷で審理されるのではないので、異なる闘い方が必要となる。最高裁での闘いに経験が深い東京中央法律事務所の新井章弁護士などに弁護団に加わってもらい、名古屋でも若手に入ってもらおうと、北村栄弁護士、森弘典弁護士、高森裕司弁護士に加わってもらった。東京での会議には小川政亮元教授がよく参加され、他の研究者も時々参加してもらった。

補充書の提出だけでなく、研究者に意見書を出してもらおうと、小川元教授、上畑恵宣高野山大学講師（当時）、木下秀雄大阪市立大学教授のほかに、学会などで知りあった都留民子広島女子大学助教授（当時）と笹沼弘志静岡大学助教授（当時）には私から弁護団に提案してお願いした（いずれも資料集(6)および(7)に収録）。

林さんがガンで2回目に入院した際、林さんは林訴訟の結果が全国の生活保護行政に大きな影響を与えることを理解していたので、弁護団や私たちは林さんと話しあい、訴訟を継続させるために、私を相続人にすることを遺書として林さんに残してもらっていた。林さん亡き後も、弁護団は上告理由補充書(2)を00年8月に最高裁に提出し、10月には、訴訟の継承手続書類と民事訴訟の承継はもちろんのこと行政訴訟も承継できることを論証した上申意見書を提出した（資料集(7)に収録）。また、11月25日に「林生存権訴訟の最高裁勝訴をめざすシンポジウム」を160名の参加者で行い、研究者を呼びかけ人にした「林訴訟の公正な判決を求める各界共同声明」の賛同者を集め、01年2月に初旬に発表する予定であった。そうした最中の2月13日、最高裁は、処分取り消しについては林さんの死亡により訴訟は終了したとし、損害賠償については、控訴審の判断は「是認し得ないものではなく、その過程に違法があるとはいえない」などとして、棄却した。私は、完成間際の補充書(3)も共同声明もみんな間にあわないのが悔しくてならなかった。また、夜も共同声明の賛同人の連絡が自宅のＦＡＸに入り続けているのを空しく感じたのであった。

4 ふりかえり——成果と反省

◉大きな成果を実らせた林訴訟

判決という形では負けたが、内容的には負けていないし、いろいろな面で運動的には大きな成果を実らせた。

第一に、「法第4条1項の補足性の要件は、申請者が稼働能力を有する場合であっても、その具体的な稼働能力を前提とした上、申請者にその稼働能力を活用する意思があるかどうか、申請者の具体的な生活環境の中で実際にその稼働能力を活用できる場があるかどうかにより判断すべきであり、申請者がその稼働能力を活用する意志を有していても、実際に活用できる場がなければ、『利用し得る能力を活用していない』とはいえないと解される」という判決文を勝ち取り、失業者の生活保護受給権を明確にさせたことである（厚生労働省は、08年度の実施要領の改訂で局長通知「第4　稼働能力の活用」を新設し、林訴訟の判決内容を使っているが、「申請者の具体的な生活環境の中で」という重要な部分は記載がない。林さんが、「野宿」という「具体的な生活環境の中」におかれていたということは大変重要である。名古屋地裁での勝訴判決は、この具体的な生活環境を考慮していると思えるが、控訴審は、髪がぼさぼさということを恣意的に取りあげて努力が足らないという根拠にしたように、「具体的な生活環境」を考慮しなかった。具体的な生活環境を考慮するかどうかは、大きな違いをもたらすのであり、厚生労働省に対してこのことをきちんと批判していくべきである）。そして厚生省（現厚生労働省）が、「ホームレスに対する生活保護の適用については、単に居住地がないことや稼働能力があることをもってのみ保護の要件に欠けるということはなく、真に生活に困窮する方々は、生活保護の対象となるものである」と公式に何度もいわざるをえなくなったのも、林訴訟をはじめとする各地の運動の成果である。

第二に、各地のホームレスや日雇労働者の生活保障の運動に大きな励ましを与え、運動が大きく前進したことである。大阪の釜ヶ崎や神戸などでは林訴訟に触発されて、次々に不服審査請求がなされ、成果を勝ち取り、釜ヶ崎では佐藤訴訟が98年12月に提起され、勝訴判決を勝ち取った。

第三に、いままでホームレスの生存権については、この運動にかかわっている人たちにしか関心がもたれていなかったが、林訴訟をきっかけに研究者や福祉事務所ケースワーカーなど社会保障関係従事者に関心をもたれるようになり、全国的に議論がされ、保護行政を変えていかねばならないという空気が広がっていった。そして寄せ場やホームレスの運動と戦後の社会保障運動とが異なる流れで展開されがちだった現状を打ち破り、両者の運動が林訴訟を契機に交流し、議論ができるようになるという状況を生み出した。

◉反省点など

成果はいろいろあったが、訴訟結果としては敗訴した。

反省点の第一は、不服審査請求の段階で福祉事務所提出資料（とくにケース記録）の閲覧を申し出なかったことである。そういうことができることを知らなかったのである。閲覧していれば、福祉事務所の違法な実態を証拠として出せたのではないかと思う。また、この段階では求職活動が争点になることを予想しておらず、求職活動の詳細や年齢別有効求人倍率などの確認していなかった。訴訟になってからでは林さんの記憶は曖昧なところもあり、資料も入手できなかったのである。

第二は、林さんの生活実態を最初に十分確認しなかったことである。裁判では、原告の生活実態を訴えることがきわめて重要であると後に知った。

その他では、林さんの思いをどこまで共有できたかということ、途中から弁護団の事務局的な役割をしてしまったが、やはり弁護士にお願いすべきだったことなどがある。なお、バックもない小さな市民団体（支える会事務局は私の自宅で事務局は数人）が、1043万円の支出を会費、カンパ、資料販売で賄えたのは、支援者たちの努力があったとはいえ、全国の心ある人びとの賜であり、改めて感謝する次第である。

5 おわりに——失業者の生活保障や居宅保護を求めて

林訴訟中にも、稼働能力のある人の生活保護を認めさせる活動を意識的にしてきたし、名古屋市は判決後、3ヶ月の求職状況を踏まえた上で失業者の生活保護を認める通知を出した（その後1ヶ月の求職活動に変更し、さらに現在では保護申請後は原則として一時保護所で居宅生活が可能かどうかを検証して14日以内に保護開始をすることとした）。失業者に対する生活保護の適用は、かなりなされているわけであるが、福祉事務所はアパート生活が可能かどうかを検証するという理由で、生活保護施設である更生施設入所や自立支援センター入所を押しつけている。私たちがいるときは一時保護所に入れておいて、いない日にそのような押しつけをするのである。

09年1月5日以降、派遣切りをされた労働者などが中村福祉事務所に毎日100名前後殺到し、10月の現在でも50～80名の相談者が来ている（新規相談者は10～20名）。そうしたなかで私たちは連日支援にかけつけ、アパート生活を希望する人には、保護申請書にアパート入居費用を出して欲しいと記入してもらい、保護施設を経由しないで居宅保護になることがあたりまえになっている。そういう意味では、林訴訟や佐藤訴訟の成果は活かされているのであるが、残念ながら福祉事務所によっては相変わらず施設収容主義的な対応がみられ、現在も事例があれば質問要望書を出して改善を求めている。

いずれにしても、各地の粘り強い闘いで、一歩一歩前進してきた15年間である。各地の闘いと連携して、さらなる前進を目指していきたい。

【参考文献】

全国生活保護裁判連絡会『これでわかる生活保護争訟のすべて——生活保護関係争訟資料集〔下巻〕』（1996年）。林さんの審査請求書とそれに対する裁決書、再審査請求書とそれに対する裁決書全文が264～297頁に収録されている。

藤井克彦・田巻松雄『偏見から共生へ——名古屋発・ホームレス問題を考える』（風媒社、2003年）。筆者による名古屋での活動開始時期数年の詳細な報告や林訴訟の経過・争点・結果報告もある。

林訴訟弁護団・林訴訟を支える会「すべての人の生存権保障のために——林訴訟の意義と振り返り」（林訴訟弁護団・林訴訟を支える会、2002年）。林訴訟運動の展開状況の詳しい報告、各弁護士による総括、研究者も含めたエッセイも収録。入手は、fujii.k@mbg.nifty.com 藤井まで連絡を。

林訴訟を支える会『林訴訟資料集(1)～(8)』（林訴訟を支える会、1995～2002年）。残部がないものもある。藤井まで連絡を。

〈笹島〉の現状を明らかにする会『名古屋〈笹島〉野宿者聞き取り報告書』（〈笹島〉の現状を明らかにする会、1995年）。藤井まで連絡を。

〈笹島〉問題を考える会『〈笹島〉問題をめぐる現状と政策提言──寄せ場と野宿──』（〈笹島〉問題を考える会、1998年）

藤井克彦「名古屋での越年から三河での春の『派遣村』の状況」ホームレスと社会1号（2009年）

法律家の視点

すべての人の生存権保障を実現するために

弁護士　森　弘典

1 はじめに

08年秋以降、アメリカに端を発した世界金融危機の影響により、非正規雇用労働者が失職に追い込まれる「人災」が起きた。

愛知県は製造業が盛んな反面、全国で群を抜いて非正規雇用労働者の失職者が多く、大量解雇、とくに非正規雇用労働者が次々と「派遣切り」「期間工切り」に遭った。そのようななか、名古屋駅の近くにある名古屋市中村区社会福祉事務所には、09年1月5日以降、連日100名前後の以前とは比べものにならないほど多くの相談者が殺到した。そこには、いわゆる「稼働年齢層」といわれる30歳代、40歳代、50歳代、時には20歳代の人たちも訪れた。セーフティネットが有効に機能していない社会では、誰もがすぐそこにある「貧困」に陥りかねない。このような社会情勢でこそ、「稼働年齢層」に対する生活保護適用はあたりまえのようになってきたが、それはいまから16年以上も前の94年に「路上で生きる」ことを余儀なくされてきた林勝義さん（当時55歳）が提起した林訴訟での、熱くねばり強い、連帯した闘いの成果である。

2 出会い

◉事件との出会い

私が林訴訟にかかわったのは、97年夏、司法修習生のとき、上告審段階であった。きっかけは、私が野宿者の問題にことさら関心を抱いていたからでも、生活保護法に通じていたからでもなかった。有名な全盲の弁護士（竹下義樹弁護士）に会うことができるということを同期の修習生（高森裕司氏）から聞き、ただその弁護士に一度会いたいという気持ちだけで、誘われるままに弁護団会議に出席したのがそもそものきっかけであった。

◉林勝義さんとの出会い

弁護団会議に出席するようになって間もなく林勝義さんにもお会いすることができた。正直言って林さんに会うまでは私も野宿者に対する偏見をもっていた。野宿をしている人は仕事をしようとする気がない、好きで野宿をしているなどと、いま思えば何の根拠もない偏見を抱いていた。しかし、林さんに会って、その偏見が取り除かれた。誰もが認めるところであるが、林さんは素朴で、人なつっこくて、気さくで話しやすい。また、林さんは弁護団会議にもほとんど出席された。弁護士に委任した後も、自分の問題という意識で取り組んでおられる姿勢に心を打たれた。林さんとの出会いを通して、偏見をなくすことは、その問題に入り込み、当事者と接することから始まるということを改めて思い知った。

◉各地の弁護士、研究者との出会い

支援の事務局である藤井克彦氏の力によるところが大きいが、林訴訟にかかわるなかで多くの弁護士、研究者の方々と出会うことができ、いつの間にか出会いの輪が広がっていった。名古屋、東京、京都で行われる弁護団会議には、名古屋（内河惠一弁護士、渥美裕資弁護士、北村栄弁護士）、東京（新井章弁護士、菅沼友子弁護士、加藤文也弁護士、金久保茂弁護士）、京都（竹下義樹弁護士、尾藤廣喜弁護士）の弁護団員だけでなく、研究者（小川政亮氏、上畑恵宣氏、庄谷怜子氏、笹沼弘志氏、木下秀雄氏、笛木俊一氏、山田壮志郎氏ら）も参加された。

私が弁護団会議に出席するようになった頃は、法曹の世界でいうとまだ卵とか雛にすぎなかったのであるが、他の弁護士、研究者は私に対し対等に接し、また対等であるがゆえに作成した書面には容赦なく忌憚のない意見をくださった。弁護団会議では、いつも熱い、ねばり強い議論が続いていた。

3 第一審判決

◉第一審判決の内容

96年10月30日の第一審名古屋地方裁判所の判決は、社会福祉事務所長が林さんに対して行った一日限りの医療扶助を給付するとした生活保護開始決定を違法であるとして取り消し、あわせて、名古屋市に対して、その違法な保護開始決定による林さんの精神的損害に対する慰謝料として25万円を支払うよう命じる内容のもので、林さんの主張を認容するものであった。

90年10月30日，名古屋地裁での勝訴判決を喜ぶ林さんら

◉生活保護法4条の補足性について

判決は、生活保護法4条1項で定められている「保護は、生活に困窮する者が、その利用し得る資産、能力その他あらゆるものを、その最低限度の生活の維持のために活用することを要件として行われる」との要件について、「申請者が稼働能力を有する場合であっても、その具体的な稼働能力を前提とした上、申請者にその稼働能力を活用する意思があるかどうか、申請者の具体的な生活環境の中で実際にその稼働能力を活用できる場があるかどうかにより判断すべきであり、申請者がその稼働能力をを活用する意思を有しており、かつ、活用しようとしても、実際に活用できる場がなければ、『利用し得る能力を活用していない』とは言えない」と判断した。

林さんについては、軽作業をする能力があったが、就労しようとしても実際に就労する場がなかったものと認められ、保護の補足性を満たしていない（「利用し得る能力を活用していない」）という社会福祉事務所長、名古屋市の主張は誤っていると判断した。そして、生活扶助、住宅扶助を認めず、医療扶助を一日のみ認めた保護開始決定を違法として取り消した。

4 控訴審判決

◉弁護団による第一審判決の受け止め方

弁護団が誤った点は、この評価すべき第一審判決がそのまま控訴審においても維持されるものと速断し、控訴審で早期結審・判決を求め続けたことである。通常の事件であれば、争点をきっちり捉え、それに対する判断の適否を考えれば、控訴審の結論を推測することはそれなりに可能である。しかし、本件は行政訴訟であり、その結論如何によっては現在の行政実務に大きく影響を与える事件だけに、裁判所が自己抑制し、結論として行政側を勝たせることが十分ありうることに、より一層意を用いるべきであった。その意味では、第一審が当方に有利に判断した事項を含め、あらゆる争点についてもう一度吟味する必要があった。

◉控訴審判決の内容

97年8月8日名古屋高等裁判所で言い渡された判決は、原審の判断を取り消し、林さんの請求を一切棄却するという驚くべき内容のものであった。

生活保護法4条1項の補足性の要件については、第一審と同じく、「申請者が稼働能力を有する場合であっても、その具体的な稼働能力を前提とした上、申請者にその稼働能力を活用する意思があるかどうか、申請者の具体的な生活環境の中で実際にその稼働能力を活用できる場があるかどうかにより判断すべきであり、申請者が稼働能力を活用する意思を有していても、実際に活用できる場がなければ、『利用し得る能力を活用していない』とはいえない」と判断した。

ところが、事実認定では、林さんには当時「就労の可能性はあったと推認することができる」と判断し、林さんが努力しなかったから就職できなかったと述べた。しかも、その就職の可能性の根拠に10代から60代までのすべての年代層を対象にした職業別常用職業紹介状況統計表の平均的有効求人倍率を取りあげている。たとえば、93年7月時点における有効求人倍率は「保安の職業」が2.73倍、「建設の職業」が4.49倍という調子で事実摘示し、これをもって、申請当時の日雇い労働の求人や紹介の状況は「かなり厳しいものであったことが認められるけれども、……申請当時の愛知県における職業別常用職業紹介状況は、その有効求人倍率からすれば、必ずしも厳しい状況にあったとはいえず」、林さんにも「就労の可能性はあったと推認することができる」と言うのである。同時に判決は、55歳以上（林さんは当時55歳）の場合、有効求人倍率は「かなり落ち込むことは否定できない」と認めているのであるが、ここでの数値は挙げていない。実際に統計表の「年齢別常用職業紹介状況」（93年10月）によっても、35～39歳の有効求人倍率を2.13とすると、55～59歳は0.33となり、大幅に落ち込んでいることが明らかに指摘できる。また、建設・土木の仕事の需要が落ち込み、就労できない日雇労働者も多く、名古屋駅や名古屋市中心街での野宿者が急増し、多いときで400人を超える状態になっていたことも認めながら、このことは判断の結論にはまったく結びつけていない。かえって、何を根拠に判断をしたのか不明であるが、林さんは両足に重い負荷がある建設労働に固執して肉体的負荷の多い仕事を求めていたと推測してみたり、当時の林さんには仕事を選ぶ余裕などなかったのに、新聞、雑誌等の求人欄を参考にして、警備員や店員等の職種にも求職の範囲を広げる努力をすべきであったと判示している。そこには野宿労働者に対する著しい偏見がみられた。

そして、「法4条1項の補足性の要件を充足していないものというほかなく、したがって、生活保護の受給資格を欠くものというべきである」と結論づけた。

5 上告審での闘い

◉控訴審で敗訴判決を受けて

控訴審での思いがけない敗訴判決を受けて、97年8月19日、林さんは最高裁に上告し、私たち弁護団は上告理由書作成にとりかかった。しかし、ここで上告理由書提出期限という時間に急かされた。50日以内に上告理由書を提出しなければならない。弁護団は50日という期限を鉄則にして、従来の弁護団員で上告理由書を作成することにもっぱら力を注いだ。このため、のちに批判されたように、上告理由書には、行政批判になってしまい原判決批判になっていない部分が多々見受けられる。また、計画的、戦略的な作成作業を行わなかったために、のちに補充書に加えたい論点が見つかっても、それを上告理由のどれに結びつけて論じるべきかに苦慮することが度々あった。そして、第一審から見渡せば、憲法論を十分論じ展開してこなかったために、上告理由書を作成する段階でも憲法論にうまく繋げられなかった。ともあれ、期限内の97年10月8日に上告理由書を提出し、それから1年4ヶ月ほどが過ぎて上告理由補充書を提出、さらに、1年半ほど過ぎてから上告理由補充書(2)を提出した。また、上告審に入って5通もの研究者の意見書を提出した。この間、東京で9回、名古屋で7回の弁護団会議、京都で1泊2日の弁護団合宿を行い、熱くねばり強い議論を重ねた。

しかし、前述したように、「上告理由書」そのものの作成にもっと計画的、戦略的に取り組むべきであった。新井章弁護士は、林訴訟を振り返って、「上告審の闘いでは、何といっても充実した内容の『上告理由書』を作成提出して、最高裁に働きかけるということが決定的に大事であり、その出来栄えの如何が上告申立ての命運を決するといっても過言ではない」と述べている。また、大野正男元裁判官は、その著書で「上告理由書補充書では新しい主張はできないし、単なる補充であっても、よほどの理由のない限り精読されない」と述べている。たしかに、上告審判決では、文面上、「上告理由書」の上告理由に対して判示するという体裁がとられており、「上告理由補充書」には一切言及されていない。「上告理由補充書」で主張した論旨はほとんど考慮されていない。上告理由書の出来栄えがその後の上告審での帰趨を決するといっても過言ではない。

◉稼働能力の活用をめぐって

(1) 生活保護法4条1項は3項と併せて解釈すべきである

稼働能力の活用をめぐって議論が深まったのは、弁護団会議の議事録によれば、「職安に行くことが義務でないこと」を明らかにすることが課題とされてからである。

「職安に行くことが義務でないこと」の本質は、「稼働能力の活用」、生活保護法4条の解釈である。課題は生活保護法4条にかかわる論点について書かれた木下秀雄氏の意見書をまとめることに変わった。意見書はドイツ連邦社会扶助法（当時）について書かれたものであるので、それを林訴訟の事件にあてはめつつ日本の生活保護法の解釈の問題として構成し直した。

それからの作業はさらに困難を極めた。弁護団会議がある度に厳しい意見を受け、書面全体を書き直さなければならなかった。小手先の手直しでは批判、指摘に応え得なかったからである。わからなくなって、木下氏に直接電話をして議論したこともある。何度も何度も書面を書き直し、その改訂は10回以上に及んだ。そして、ようやく上告理由補充書(2)が完成した。

内容は、生活保護法4条1項の「能力・資産の活用」という要件のみ独立して取り上げ、拡大解釈するのではなく、同条3項の「前2項の規定は、急迫した事由がある場合に、必要な保護を行うことを妨げるものではない」という急迫条項を踏まえて同条を総合的に解釈すべきとする新しい解釈論であった。

(2) 生活保護法4条1項は「期待可能性」の観点から見るべきである

補充書(2)は完成したものの、稼働能力活用に関して、まだやり残したことがあった。それは補充書(2)の担当部分の論旨を一貫させる必要性から削ぎ落としてしまった論点であった。

①前述の4条1項、3項の総合解釈論と②4条1項を期待可能性という観点から展開するという解釈論のうち、論旨の一貫性を考え、補充書(2)では後者を削ぎ落としていた。この後者の期待可能性の議論は、生活保護法4条1項を、単に稼働能力を活用しない場合に生活保護の適用を認めないと読むのではなく、「期待可能な」労働を拒否した場合にはじめて生活保護の適用を「制限する」ことが「許される」と読むというもので、もともとはドイツ連邦社会扶助法の解釈論として展開されていることだが、日本の生活保護法を解釈するにあたっても非常に示唆に富むものであった。

このように掘り下げて探求していくと、林さんの請求を棄却した控訴審判決さえもが認める「法4条1項の補足性の要件は、申請者……の具体的な稼働能力を前提とした上、申請者にその稼働能力を活用する意思があるかどうか、申請者の具体的な生活環境の中で実際にその稼働能力を活用できる場があるかどうかにより判断すべき」という判旨はまさに「期待可能性の解釈論」に通じていること、したがってその「具体的な」「実際に」の意味を突き詰めなければならないことがわかった。また、上告理由書で主張した「行政（保護の実施機関）側に稼働能力活用の立証責任があること」も、より一層裏付けられた。

そこで、その成果などを補充書(3)にまとめ、最終原稿締切期限を01年2月14日と定めて弁護団は書面提出を急ぐこととした。

しかし、忘れもしない01年2月13日、皮肉にも補充書(3)の最終原稿締切期限の1日前、弁論が開かれることなく、上告棄却の判決が言い渡された。

6 上告審判決をどうみるか

◉「是認し得ないものではない」は控訴審判決への消極的な評価

最高裁判所の判決は三行半同然であったが、逆説的ではあるが三行半同然の判決をさせたのは私たちの努力の成果であったともいえる。というのは、実は三行半の判決は、控訴審判決をそのまま是認することを避ける手段として用いられることがあるからである。

かつて第3小法廷で判事をしていた伊藤正己氏も、その著書で「もとより、三行判決の多くは、法解釈上ほとんど問題のないものや、すでに最高裁の判例の確定したものについて行われるのであって困難な問題を生じないといってよい。しかし常にそうであるとは限らない。そこで、ときに、高裁判決の昇華を避ける手段がとられることになる。それは、原審の判断は結論において是認できるとして、そこでの理由づけを正当としないことを明示したり、また原審の判断を『是認できないものではない』と明示して極めて消極的な評価をして判例的価値を減殺しておく方法である……合議を慎重に重ねた末に、結局やむをえないものとして三行判決でもって処理したときの複雑な感懐をいまも思い出すことができる」と述べ、控訴審判決をそのまま是認することを避ける手段として「三行判決」が用いられることがあることを認めている。また大野正男氏も同様のことを述べている。

そうしてみたとき、控訴審の事実認定に対する判断について、上告審（最高裁）判決が「原判決挙示の証拠関係に照らして是認し得ないものではない」と限定的かつ消極的な表現を用いたのはまさにその趣旨である。

◉第一審判決はいまも生き続けている

上告審判決は、行政でさえ「単に住所地がないことや稼働能力があることをもって保護の要件に欠けるということはなく、真に生活に困窮する方々は、生活保護の対象になるものである」という見解を出さざるをえなくなった流れに逆行するものであるが、他方で原審判決に「お墨付き」を与えたものではない。上告棄却判決を受けたところで、第一審、そして控訴審さえ認めている「（生活保護）法4条1項の補足性の要件は、申請者が稼働能力を有する場合であっても、その具体的な稼働能力を前提とした上、申請者にその稼働能力を活用する意思があるかどうか、申請者の具体的な生活環境の中で実際にその稼働能力を活用できる場があるかどうかにより判断すべきであり、申請者がその稼働能力を活用する意思を有していても、実際に活用できる場がなければ『利用し得る能力を活用していない』とは言えない」ことには変わりがないのである。

7 今後の課題

◉「本人死亡による訴訟終了」に対する法理論による対抗

訴訟途中の99年10月22日、林さんは長期にわたる闘病の末、亡くなった。

上告審判決は「要保護者が国から生活保護法による保護を受ける権利は一身専属の権利である」ことを理由として、「保護開始決定の取消しを求める請求に関する部分は、……上告人の死亡により終了した」と判示している。しかし、このような判断が許されるのであれば、いくら行政に問題があり、その行為が取り消されるべきものであったとしても、原告（上告人）が死亡してしまえば訴訟は終了することになってしまう。

弁護団としては、00年10月31日付で、藤井克彦氏を訴訟を引き継ぐ者（訴訟承継人）として「訴訟手続受継申立書」、「意見書」を提出した。ここでは、①ドイツ連邦行政裁判所判決で、いずれは扶助が行われるであろうと期待して第三者が援助を行った場合、社会扶助請求権には相続性があるとされていること、②具体的権利として発生している保護受給権についてまで相続性は否定されないこと、③保護の実施機関（行政）によりすでに保護受給権の実現が侵害されている場合には、相続性や譲渡性を認めても生活保護法が保護受給権の差押えや譲渡を禁止している立法趣旨に反しないこと、④行政の違法な行為により行政に対して不当利得返還請求権がある場合には、同請求権には相続性、譲渡性があるから、訴訟を引き継いだ者は取消請求の原告になれることなどを述べたが、上告審判決はまったく理由を述べることなく、取消訴訟については訴訟終了と判断して、上告を棄却した。

「本人死亡による訴訟終了」に対する法理論による対抗の必要性は「朝日訴訟」以来の課題であるが、研究者も交えながら、さらに理論を深めていく必要がある。

◉闘いの成果は今も生き続けており、生き続けさせなければならない

現在でも、若い人には生活保護は認められないという「風説」があり、所によってはそのような誤った「運用」が行われている。冒頭で述べたように、08年秋以降の経済情勢、社会情勢だからこそ、「稼働年齢層」に対する生活保護適用はあたりまえのようになってきたともいえる。

しかし、現在の状況をあたりまえだと思ってはいけない。景気がよくなったとしても、「申請者の具体的な稼働能力を前提とした上で、具体的な生活環境の中で実際にその稼働能力を活用できる場がなければ」生活保護は適用されなければならない。経済情勢、社会情勢によって、憲法25条、生活保護法で保障されている「健康で文化的な最低限度の生活を営む権利」の中身が変わるわけではないからである。この権利は私たちが「不断の努力によって」（憲法12条）守らなければならないのである。

第2章　佐藤訴訟

野宿者に居宅を

「たとえば、トンネルに入っても出口が見えんな、いつまでたっても明かりが見えんな、これではどうにもならんな、そういった気持ちで、今でも炊き出し、そういった人を見るにつけ、痛いほど気持ちがわかります。」

居宅保護後の佐藤さんの言葉

支援者の視点

釜ケ崎の野宿日雇労働者と裁判を共有しながら

釜ヶ崎医療連絡会議　加藤　亮子

佐藤邦男さんの生活保護裁判を支援した釜ヶ崎医療連絡会議（03年から特定非営利活動法人。以下、医療連と略す）は82年の設立以来、釜ヶ崎地区（大阪市西成区）の野宿日雇労働者らが入院する結核病院や精神病院、行路病院の処遇改善に取り組んできた。その後、96年頃から野宿日雇労働者らの生存権を守るため、生活保護法の適正実施に向けた活動を続けている。裁判支援はこうした活動の一環であり、佐藤さんの裁判をいかに共有し、その輪をいかに広げていくかに注力した。

1 佐藤さんの揺るがぬ意志に支えられて

◉「そんなこと（居宅保護）ができるんですか！」

97年10月16日、佐藤さんはビラを見て、医療連の「机出し相談」にやってきた。この日の早朝に配ったビラ（医療連作成）で「施設がイヤなら保護せんというのは、施設収容を強制しとるのとおんなじやで。おまけに施設はいつも超定員オーバー。イワシの缶づめ状態でプライバシーも何もあったもんやない。施設不足を理由にして市更相（大阪市立更生相談所の略。以下、市更相と略す）職員は『ない袖は振れん』言うて、労働者を野宿に追いやっているやないか。このままでは野宿者はふえるばかりや」「市更相に生活保護法を守らせよう」とアピールした。

過去2回、生活保護施設に入った経験はあるものの、佐藤さんは当時、生活保護で施設に入っているとは思っていなかった。だから、このビラに惹かれるというより、生活の目途がたたない、どうしようもなさから相談にやってきた。

相談を受けた医療連メンバーは、相談の様子を次のように語っている。

「佐藤さんはとても遠慮がちで言葉少なに話してくれた。所持金がないこと、65歳という高齢で日雇仕事にも就けないこと、施設には入りたくないものの野宿よりはましかもといったことで、この人がもし施設に入らずにアパートで生活保護を受けられたら……と思った。それで『ドヤかアパートで生活保護を受けたいということですか』とたずねると、佐藤さんはびっくりしたような顔で『えっ、そんなことができるんですか！』といった反応だった。佐藤さんにとってアパート保護は法にのっとった当然のことというより、もしアパートで保護を受けられるなら、そんなにありがたいことはないと思っているようだった」。

この日の午後、佐藤さんは生活保護を申請するため、医療連メンバーとともに市更相へ行った。が、結果は生活保護施設である一時保護所への収容保護をすすめられ、とりあえずケアセンターに入って考えることになった。佐藤さんは強引に自分の思いを主張する人ではない。「お願いしている弱い立場」との思いがつねにあった。そこで、医療連では佐藤さんに自分の思いを書面（生活保護開始申請書）に書くことをすすめ、納得のいかない結果が出たら不服申立ができること、それでも納得がいかなかったら裁判を起こせることを説明した。

生活保護申請書

受理年月日

平成 9 年 10 月 20 日

大阪市立更生相談所長 殿

[redacted]

住所 不定

申請者 氏名 佐藤邦男 ㊞

続柄 世帯主

つぎのとおり生活保護法による保護を申請します。

記

住所	大阪市西成区太子1丁目附近				
本籍	県 市				
氏名	性別	生年月日	職業	備考	
佐藤邦男	男・女	明治 大正 昭和 7・X・X	無職		

保護を受けたいわけ　難聴のため、集団生活についていけず、施設での生活に強いストレスを感じます。これまで施設に入った経験がありますが、耐えられませんでした。アパートでの自立生活には、自信があり居宅での生活保護を希望します。高齢疾病のため仕事につく事ができず生活に困っています。

家族の状況	氏名	年齢	職業	続柄	現住所	備考

肌着・寝具の申請（有・無）

保護申請時における要保護者の状況

昨日泊ったところ	所持金品等 現金　円　預貯金　円	借金・担保の状況
雇用保険手帳 有（あいりん 労働 No.　資格 有・無）・無（　）	社会保険 有（種類　）無 資格 有・無 玉出（　） 月資格印有	
備考		

市更相職員の求めで所定の用紙に書き直した

97年10月20日、佐藤さんは自分の思いを記した申請書を持って、医療連メンバーとともに市更相へ行った。相手はこれまで生活保護申請書など受け取ったことのない市更相。医療連では佐藤さんの許可を得て、相談室にビデオを持ち込み、職員とのやりとりを逐一収録した（証拠として提出。のちに市更相はビデオ撮影を禁じる貼り紙を出した）。申請書は受理されたものの、2週間後に出た結果は、やはり一時保護所への収容保護決定だった。佐藤さんはこれに応じず、支援団体である釜ヶ崎キリスト教協友会からお金を借りて、居宅を確保した。

◉「私ひとりの裁判じゃない」「勝てると思う」

生活保護の裁判は不服申立て前置のため、まず大阪府知事に審査請求をしなければならないが、医療連の誰もそのやり方を知らない。そこで、林訴訟を支援する笹島診療所の藤井克彦さんにお願いし、ファックスで雛型を送ってもらった。何もかも手さぐりだった。大阪府知事から弁明書が届き、反論書を作成する段階から小久保哲郎、竹下育夫両弁護士が代理人となった。以後、支援の弁護士が増え、総勢8名の弁護団になった。

66歳の佐藤さんにとって、裁判は大きな負担だった。幾度となく開かれた弁護団会議に佐藤さんは毎回、出席した。早寝早起きの佐藤さんにとって、夜遅くまで続く会議はどんなにかつらかっただろう。それでも佐藤さんの揺るがぬ意志に支えられ、98年12月2日、提訴に至った。

提訴当日の夕方、医療連では西成市民館で提訴報告集会を開いた。釜ヶ崎の野宿日雇労働者や支援者ら約80名が参加。一人でも多くの人たちとこの裁判を共有するため、弁護団の石那田隆之弁護士が裁判のポイントや生活保護についてわかりやすく説明した。集会の最後で原告となった佐藤さんが「今回の裁判は勝てると思う。勝てば、釜ヶ崎でもアパートやドヤでの生活保護への道が開ける」と挨拶した。以後、佐藤さんは会うたびに「私ひとりの裁判じゃない」といったことを口にした。

裁判のたびにビラを配り、野宿日雇労働者らに傍聴を呼びかけた。〝勝利号〟という古いバスでみんなで裁判所に行き、大法廷を野宿日雇労働者らが埋め尽くした。裁判後に中之島公園で集会を行ったこともあり、参加した野宿の仲間から「市更相へ行ったとき、『日本で一番大きな寄せ場にある市更相に歯向かうな』と職員に言われ、腹が立った。他の福祉事務所でやっている居宅保護がなぜできないのか。自分が正しいという信念をもって、行政に屈服することなく、みんなでがんばっていきたい」との声があがった。

2 提訴当時、大阪市では……

◉収容保護一辺倒で施設は超過密状態

釜ヶ崎では阪神大震災（95年1月）後、一時的に仕事が出たものの、すぐに日雇仕事が減っていった。佐藤さんはこの頃から、難聴が悪化して、仕事に就けない日が多くなり、野宿を余儀なくされるようになった。そして96年と97年の約半年間、生活保護施設の淀川寮、自彊寮に入所したが、いずれも退所後は野宿に戻らざるをえなかった。難聴の佐藤さんにとって、施設での生活は「大変気苦労が多く、徐々にストレスがたまって」「時がたつにつれ、苦痛を感じるようになり、気分的にも煮詰まってくる」ものでしかなかった。

釜ヶ崎地区の住居のない人たちを対象にした生活保護の実施機関、市更相では、施設か病院への収容保護しか行っておらず、多くの野宿日雇労働者が野宿↓施設↓野宿、野宿↓病院↓野宿のくり返しを余儀なくされていた。当時の生活保護施設は救護・更生あわせて19施設、総定員約2200名だった。バブル崩壊後の長引く不況の影響で野宿に至る人たちは増え続け、本来は居室でない作業室や娯楽室にスチールパイプの2段ベッドを並べただけの60人部屋、80人部屋のある生活保護施設もあった。入院している住居のない人たちは当時約3000名。そのほかに大阪市では8660名（98年8月、大阪市調査）の野宿生活者が確認されていた。

◉「言いたい放題座談会」で明らかになった市更相の対応

医療連では大阪社会医療センター（以下、医療センターと略す）の前に机を出して、野宿日雇労働者らの医療・生活相談を行っていた。そこで体調などを聞き取り、医療センターへの紹介状を出し、受診後、市更相への相談に同行する。こうした取り組みを概ね月2回行っていたが、そこで労働者らが口にしたのは「医療連がいるときといないときでは、天国と地獄の差や」だった。つまり、医療連が監視しているとケアセンター（生活保護法外の短期利用施設）に入れるが、ひとりで市更相に行くとそうではないということだ。

では、医療連がいないとき、相談者はどんな対応をされているのか——96年12月、市更相について日頃感じていることを出しあう「言いたい放題座談会」を開いた。早朝の労働福祉センターや炊き出しに並ぶ労働者らにビラで呼びかけ、参加者は30名を超えた。第2回（97年1月「市更相での体験」）、第3回（97年2月「市更相にこれだけはやめてほしいこと」）と回を重ね、そこで出た声をもとに大阪市への抗議申入書を作り、労働者らとともに大阪市の当時の保護課長代理、市更相所長らと話し合いの場をもった。

「言いたい放題座談会」で出た労働者の声

・「『若いからあんた自分でできるやろ。歩けるやないか』と言われたが、骨折していた。医療センターの入院指示が出てるのに、（市更相の）受付で断わられた」（45歳男性）
・「悪性のできものだった。『若い。自分で働いて治せ』と言われたが、働けるんやったら、誰が市更相に行くか！」（57歳男性）
・「市の職員でありながら、まるで暴力団のような対応をする。われわれを人間扱いしていない」（45歳男性）

・「責任もって対応してほしい。自分の胸に名札ぐらいつけてもらわんと。刑務所の面会室じゃないんだから、もっと明るく」（50歳男性）
・「人間扱いしない。事務的な仕事だけ。人間をダメにするような話をする。『がんばりなさい』というような、あたたかさがない」（60歳男性）など

医療連の大谷隆夫代表はじめメンバーの間には、市更相に生活保護法を守らせるには裁判しかないのではとの思いがあった。「裁判」――この言葉を身近なものにしてくれたのは名古屋の林訴訟だった。野宿の日雇労働者が裁判を起こし、第一審で勝ったことは大きな励みとなった。

3 生活保護の誤解を打ち破る

◉退院退所時の敷金支給を求めて

佐藤さんが市更相に生活保護を申請した97年10月当時、市更相は保護変更時の敷金支給さえ行っていなかった。医療連では先の「言いたい放題座談会」で出た野宿日雇労働者の声をもとに大阪市への要求と話し合いを行ってきたが、その項目のひとつに「アパートなどでの生活保護を行うこと」があった。97年11月13日、同座談会参加者と大阪市民生局との話しあいで、市更相の当時の所長は「市更相がアパートの敷金を出して居宅保護に移管することについて、市更相内部で検討中」と回答した。市更相は97年12月に退院時、98年1月に施設退所時に敷金を支給した。そして98年7月から月10件を目途に、退院退所時に敷金を支給するようになった。

こうした動きの背景には、労働者らがアパートでの生活保護を求めたこと、弁護士の支援があったこと、却下決

10年の歳月を経て窓口の対応は大きく変っていった……

定に対して不服申立や弁護士会への人権救済申立を行ったことなどがある。

◉生活保護申請学習会と申請行動

「65歳以上でないと保護を受けられない」「病気やケガ、障害で働けない人しか受けられない」「住民票や住む所がないと受けられない」など、釜ヶ崎に限らず、生活保護についての誤った理解が蔓延している。

市更相が退院退所時（保護変更時）の敷金支給をはじめたこともあって、医療連では佐藤さんの裁判支援と並行して、野宿日雇労働者らとともに生きる権利を守る取り組みをはじめた。98年5月から00年夏頃まで、概ね月2回、西成市民館で生活保護の申請学習会と翌日の市更相への申請行動を行った。独自に作成した学習会資料『生きる権利を仲間たちの手で』でも佐藤さんの裁判に触れ、「生活保護を求めることは生きる権利を守るための一人ひとりのたたかい」と位置づけた。学習会では生活保護を生きるための〝武器〟と考え、申請から決定、退院退所時にアパートの敷金を得て、アパートでの保護に至るまでの手順を説明。泣き寝入りしないために不服申立についても説明した。

翌日の市更相への申請書提出では当初、市更相は「うちはそんな窓口とはちがう」と言って申請書の受け取りを拒否したり、ケアセンター利用などの法外援護と引き換えに申請書の受け取りを回避するといった違法行為があった。医療連の抗議で申請書を受け取るようになったものの、「取下書を書けば、保護してやる」といった言語道断な対応もみられた。これに対して、「不法な取り下げはいたしません」と申請書に記した労働者もいた。

いったん生活保護施設や病院に入った後、医療連が面会し、今度は変更申請の仕方について説明した。却下決定に対しては不服申立をする人が多く、府知事への審査請求は100件を超えた。65歳以上の人には６ヶ月ほどで敷金が支給されることもあったが、施設生活に耐えきれず自ら退所したり、敷金支給まで１年以上かかる人もいて、アパートへの入居は容易ではなかった。それでも退院退所時に野宿に戻るしかなかった出口のない状況に比べれば、ささやかな光がみえたことは事実だった。もっと早く敷金支給を――佐藤さん裁判への期待は大きくなっていった。

4 長すぎる裁判とその後

◉「早く終わってくれんかとそればかり」

地裁判決（02年３月22日）を控え、医療連ではひとりでも多くの市民に知らせようと大阪市役所のある淀屋橋周辺などで佐藤さん裁判についてのビラを配布した。勝訴判決後にも市民向けビラを街頭で配布。佐藤さんの勝訴は当日の夕刊各紙でも「施設収容保護決定は違法」「野宿者の『一時収容』不当」と大きく報じられた。しかし、佐藤さんは林訴訟のように最高裁まで行くのではないかと思い、心から喜べなかったそうだ。

02年４月５日、大阪市側が大阪高裁に控訴。佐藤さんが最終意見陳述をした03年７月31日、厚生労働省は住居のない要保護者に敷金支給を認める援護局保護課長通知を出した。

03年10月23日、高裁は控訴棄却の判決を出したが、このときも佐藤さんは完全に喜ぶことはできず、大阪市が上告するのではないかとの不安があった。小久保哲郎弁護士から「上告は100％ないだろう」と言われ、やっとこれで終わったと安心したそうだ。同年11月5日、大阪市らは上告を断念。佐藤さんの勝訴がようやく確定した。

提訴から5年に及ぶ裁判。医療連ではこれから裁判を起こそうとする人たちの参考になればと、04年8月から05年2月に『野宿からの居宅保護を求めて――佐藤さん生活保護裁判資料集』全4巻を刊行した。佐藤さんは「はじめての裁判でこんなにかかるとは夢にも思っていなかった。原告として心身ともに疲れた。弁護団会議も頻繁にあったし、難聴は目に見えない障害で、他人にはわからないけど、本当に疲れた。早く終わってくれんかなとそればかりだった」と語っている。裁判を支援する医療連の一員として、こうした佐藤さんのつらさをどこまで理解できただろうか。佐藤さんは気持ちの揺れを表に出すことなく、ひとりで頑張りぬいたと思う。原告の気持ちを支えるうえで支援は無力であった。医療連メンバーの間では佐藤さんだからこそ勝てた裁判との思いが強い。

◉ 市更相で開始時の敷金支給が本格化

佐藤さん裁判で、収容保護原則の違法性と収容保護施設の劣悪さが明るみに出て、野宿から直接、居宅保護への道が開かれた。考えてみれば、必要即応の原則を掲げる生活保護法で、住居のない人に「健康で文化的な」生活を営むに足る住居が保障されるのは当然のことであろう。しかし、その当然のことを認めさせるのになんと多くの時間とエネルギーが注がれたことか。さらに03年11月に佐藤さんの勝訴が確定したにもかかわらず、すぐには野宿からの居宅保護がスムーズに行われたとはいえない。施設入所歴の長い人などにケアセンター入所中に保護開始時の敷金が支給された例はあるものの、居宅保護原則には至らなかった。

市更相が保護開始時の敷金支給を本格化させたのは、08年秋のリーマンショックとそれに続く世界同時不況、さらに09年年始の東京・日比谷公園〝派遣村〟に対する保護実施があってからだ。医療連では09年2月と6月に市更相への生活保護集団申請を行った。2月はほぼ100名、6月はほぼ50名の野宿日雇労働者らがアパートでの生活保護を申請し、早い人で申請日にアパート探しのＯＫが出て、敷金支給までケアセンターで待機するようになった。市更相では09年２月から10年３月末までに３１２４件の敷金を支給、そのうち２５９４件が保護開始時の敷金支給だ（市更相からの情報提供）。

◉今後の課題

佐藤さんとともに多くの野宿日雇労働者らが求め続けた野宿からの居宅保護は、こと釜ヶ崎では実現したかに見える。しかし、区によってバラつきがあり、他市においてはいまだに保護開始時の敷金支給を行っていないところもある。住居のない人が生活保護を申請したら、どこにおいても必要な敷金支給と居宅保護が行われるようにしていくことが当面の課題である。加えて、市更相の敷金ラッシュが「100年に一度」といわれる大不況が契機になっている以上、今後の経済動向や社会福祉・社会保障のあり方によって、どのように変化していくかを監視していく必要がある。現に10年５月以降、「貧困ビジネス」対策の影響もあり、市更相の敷金支給件数は減少傾向にある（10年８月現在）。雇用の調整弁として位置づけられ、経済の動向に翻弄されてきた日雇労働者、非正規労働者がさらに社会福祉や社会保障のあり方によって翻弄されてはならないと思う。

人としての尊厳のありようは社会の周縁に追いやられた人びとにおいて発現する。野宿を余儀なくされている人たち、不安定な就労状態にある人たちもやはり社会の周縁におかれがちである。そうした人たちの生きる権利、働く権利、住む権利、選挙する権利、幸福を追求する権利……さまざまな権利が保障されるのでないかぎり、この国に「人権」があるとはいえないだろう。「人は生まれながらにして、権利と尊厳において平等である」という世界人権宣言の言葉を空語にしないためにも、野宿を余儀なくされている人たち、社会の周縁を生きる人たちとともに闘うべき課題は山積している。

法律家の視点

路上からアパートへ——収容保護主義に空いた風穴

弁護士　小久保哲郎

08年年末から09年年始にかけて、東京・日比谷公園の「年越し派遣村」がお茶の間を賑わせた。約500名の「村民」のうち、年を越しても行き場のない人たちが約300名。そのうち280名程度が生活保護（居宅保護）を申請して、敷金等の支給を受けアパートでの生活を始めた。派遣村類似の全国の取り組みでも、同様に、住居を失った人たちを支援するうえで最も有効な手段は、この居宅保護申請だった。当然のように活用されるに至っている居宅保護申請という「武器」だが、実は10年以上前からの大阪・釜ヶ崎での「闘い」によって勝ち取られたものなのである。

1 前哨戦——病院・施設からの居宅保護

◉申請書は「落とし物」？

大谷「だから、とにかく申請に来たんですわ」
職員「それは申請ということじゃないんです」
大谷「とにかく今日は申請に来たし、その見解は、また今日ひとつゆっくり考えて」

職員「考えることじゃないです」
松尾「申請書出したら、2週間以内に答え出さないと。なにも受け取ったって構わないわけでしょ」
職員「意味のない、そういうものがないものを受け取ったらいかん。それは、なんて言うの、ようわからんねんけども」
松尾「そんなん、ありますか？」
大谷「そんな法律？」
職員「法律やなしに、普通に考えてくださいよ。そんな、そういうものじゃないことを受け取るわけないですやん」
大谷「とにかく、今日はこれ（申請書）をおいていきますから」
職員「おいていかれても受け取れません」
大谷「これを受理したらいいんですよ」
職員「受理できません。受理する必要ありません」

これは、97年10月24日の大阪市立更生相談所（以下、市更相と略す）での、職員と医療連メンバーとのやりとりである。市更相は、釜ヶ崎地域の住居のない人を対象とする生活保護の実施機関であるが、施設か病院での生活保護しか実施していなかった（私たちはこれを「収容保護主義」と呼んでいる）。体調が快復して退院すると、退院と同時に保護が打ち切られて路上に逆戻り。さらに体調を悪化させて再度入院できるのを待つ、という不毛で非人道的なことがくり返されていた。

高齢のAさん（女性）は、路上で体調を崩し入院して生活保護を受けることができたが、退院を間近に控えて「アパートで生活保護を受けて暮らしたい」という希望を医療連メンバーに伝えた。

そこで、医療連の支援を受けて、病院での生活保護からアパートでの生活保護に変更することを求める申請書を提出しようとし、冒頭のやりとりとなったのである。最終的に、市更相職員は、「どうしても（申請書を）おいていくなら、遺失物とみなさざるをえない」とまで言い放った。

◉役所の窓口に広がる無法地帯の「発見」

弁護士になってまだ3年目だった私は、ある先輩弁護士の紹介で医療連代表の大谷隆夫さんたちの相談を受けることになった。先輩弁護士は「生活保護に詳しいはず」と私を紹介したようだが、実は、相談を受けたその日まで生活保護法の条文さえ見たことがなかった。

大谷さんから教えられるままに条文を見ると、「生活保護は被保護者の居宅において行うものとする」と「居宅保護の原則」が高らかに唄われている（30条1項本文）。また、申請があれば、原則として14日以内に保護の要否、種類等を決定し、理由を付した書面で通知しなければならないとも定められている（25条）。条文を一読しただけで、憲法25条が保障する生存権を具体化する立法である生活保護法が、保護請求権を生活困窮者の確かな権利とするために厳格な手続を定めていることが容易に理解できた。

私は当初、大谷さんたちの相談の中身がにわかに信じられなかった。公務員は難しい試験に通ったエリートであり、担当する職務に関する法的知識に精通し、「法による行政」を最前線で実現すべく法令を遵守しているものと思い込んでいたからだ。

しかし、続けて冒頭のやりとりを記録した録音テープを聴かされて、自身の「世間知らず」を知り愕然とした。漫才のようなやりとりに思わず吹き出したが、決して笑いごとではない。

何しろはじめて生活保護法に目を通したばかりの私は、一人で対応する自信がなく、司法修習同期で社会保障法に詳しい竹下育男弁護士に助力を請うた。「おもしろい事件だ」という竹下弁護士の反応に励まされ、11月20日、同弁護士と連名で、保護変更申請の意思表示を再度確認する内容証明郵便を市更相に送付した。

私は、それまでにも別件で役所や大企業に何度か内容証明を送付したことがあった。事を荒立てないため、即座に担当者から電話が入るのが常だったので、今回もそうなるだろうと予想していた。しかし、一向に連絡がないので、こちらから連絡してみた。私たちが送った内容証明の内容を検討したか問うと、「検討していない」という。その理由を問うと、「書面の表題が〝通知書〟になっていて〝保護変更申請書〟と書いていなかった」とか、「生活保護申請は本人との話し合いであって代理になじまない」とか、悪びれることなくトンチンカンなことを言う。「不勉強で申し訳ない」ともくり返す。どうやら本当に申請権保障などの知識を持ちあわせておらず、無知蒙昧なまま確信的に違法な対応をしていたことがうかがえた。

私は、こうした職員の対応に接して改めて愕然とした。弁護士が2名就いてこの対応なら、「野宿当事者が一人で窓口に行けば虫ケラのように扱われる」という話も真実に違いない。危機感が感じられない「牧歌的」ともいえる対応ぶりから、こうした指摘を受けたのも明らかにはじめてであると思われた。役所の窓口でこんな無法がまかり通っているのか。しかも、法律家の目が入ることなく、無法が所与のものとして放置され容認されている。

私はそのとき、「法による行政」が行われているはずの役所の窓口に広大な「無法地帯」が広がっていることを「発見」した。とんでもないものをみつけてしまった、と慄然とする思いだった。

◉「収容保護主義」に空いた風穴

私たちは、職員の不誠実な対応に接して、法律家としての闘志をかき立てられた。頻繁に担当者に電話をかけて検討を迫り、再度の内容証明を送付するとともに審査請求も提起した。

さすがに担当者は大阪市本庁に相談をし、検討チームが設けられた。そして、97年12月10日、市更相はAさんに対して、新しいアパートの敷金や家具什器費、布団代を支給した。

結果的にAさんの件は、長年続いた市更相の「収容保護主義」に風穴を空けるリーディングケースとなった。市更相は、所内に敷金担当職員をおき、翌98年7月からは概ね月10人程度を目安に施設入所者に敷金を支給する方針を決めた（連合大阪あいりん地区問題研究会「日雇労働者・野宿生活者問題の現状と連合大阪の課題」〔1998年〕26頁）。

当時、医療連は、生活保護の申請や審査請求の援助を精力的に行っており、弁護士の力を要するケースが次々と私たちのところに持ち込まれた。私と竹下育男弁護士は、同世代の友人弁護士（石那田隆之、江村智禎、河野豊各弁護士）を募り、「野宿者問題弁護団」なるものをでっちあげた。ケースを分担して次々と審査請求を提起し、大阪弁護士会に人権救済を申し立てた。完全に〝手弁当〟の活動だが、「無法地帯を発見」した若い弁護団の志気は高かった。チームワークも良く、自分の担当については万全を期す職人気質のメンバーが揃った。弁護団会議のあとには、決まって深夜まで馬鹿話をし、飲み明かすのが楽しみだった。

この若いメンバーがそのまま佐藤訴訟の弁護団となった。団長は、全国生活保護裁判連絡会の事務局長として主要な生活保護裁判のほとんどに関与している竹下義樹弁護士がふたつ返事で引き受け、「野宿からの直接の居宅保護開始」を求め、「収容保護主義」に正面から挑戦することになった。

2 収容保護主義への挑戦——野宿からの居宅保護

◉訴訟の経緯

「難聴のため集団生活についていけず、施設での生活に強いストレスを感じます。これまで施設に入った経験がありますが、堪えられませんでした。アパートでの自立生活には自信があり、居宅での生活保護を希望します」。

97年10月20日、佐藤邦男さん（当時65歳）が医療連メンバーとともに市更相に提出した〝生活保護開始申請書〟にはそう書かれていた。

佐藤さんは、小学校を卒業後、電車の車掌、町工場の工員、警察予備隊、造船所の溶接工などを経て、89年ころからは釜ヶ崎で飯場仕事などを探して生活するようになった。91年頃から約3年間はアパートで独り暮らしをしていたが、日雇い仕事も減り家賃が支払えなくなって94年夏にはアパートを出て、はじめて野宿生活をした。仕事があるときには簡易宿泊所に泊まることもあったが、阪神大震災関係の仕事も途絶えた95年春からは野宿をすることが多くなった。

佐藤さんは、96年と97年に半年程度、淀川寮と自彊寮という生活保護施設に入所した。しかし、難聴のため施設での集団生活になじめず、いずれも退所した。そこで、今回は、医療連の後押しもあって、アパートでの生活保護(居宅保護)を申請したのだ。

しかし、市更相は、97年11月5日、佐藤さんの意思に反して施設(一時保護所)への収容保護決定をした。佐藤さんは、支援団体から借金をしてアパートを確保し、11月11日、今度は西成区福祉事務所に居宅保護申請をした。すると、西成区では一転して居宅保護が認められた。この6日間の間に佐藤さんという人間にはなんの変化もない。違うのは、住居があるかないか。それだけでふたつの役所は180度違う判断をした。

審査請求を経て、佐藤さんは、98年12月2日、収容保護決定の取り消し等を求めて大阪地方裁判所に提訴し、02年3月22日には大阪地裁が収容保護決定の取り消しを認める佐藤さん勝訴判決を言い渡した(賃金と社会保障1321号10頁)。

◉収容保護主義の破綻

「せっかく施設に入れてもらったのに自主退所するなんて我慢が足りない。ぜいたくだ」と思う方もいるかもしれない。しかし、収容保護主義の帰結として、生活保護施設は過剰収容となり、劣悪な生活環境を招く。

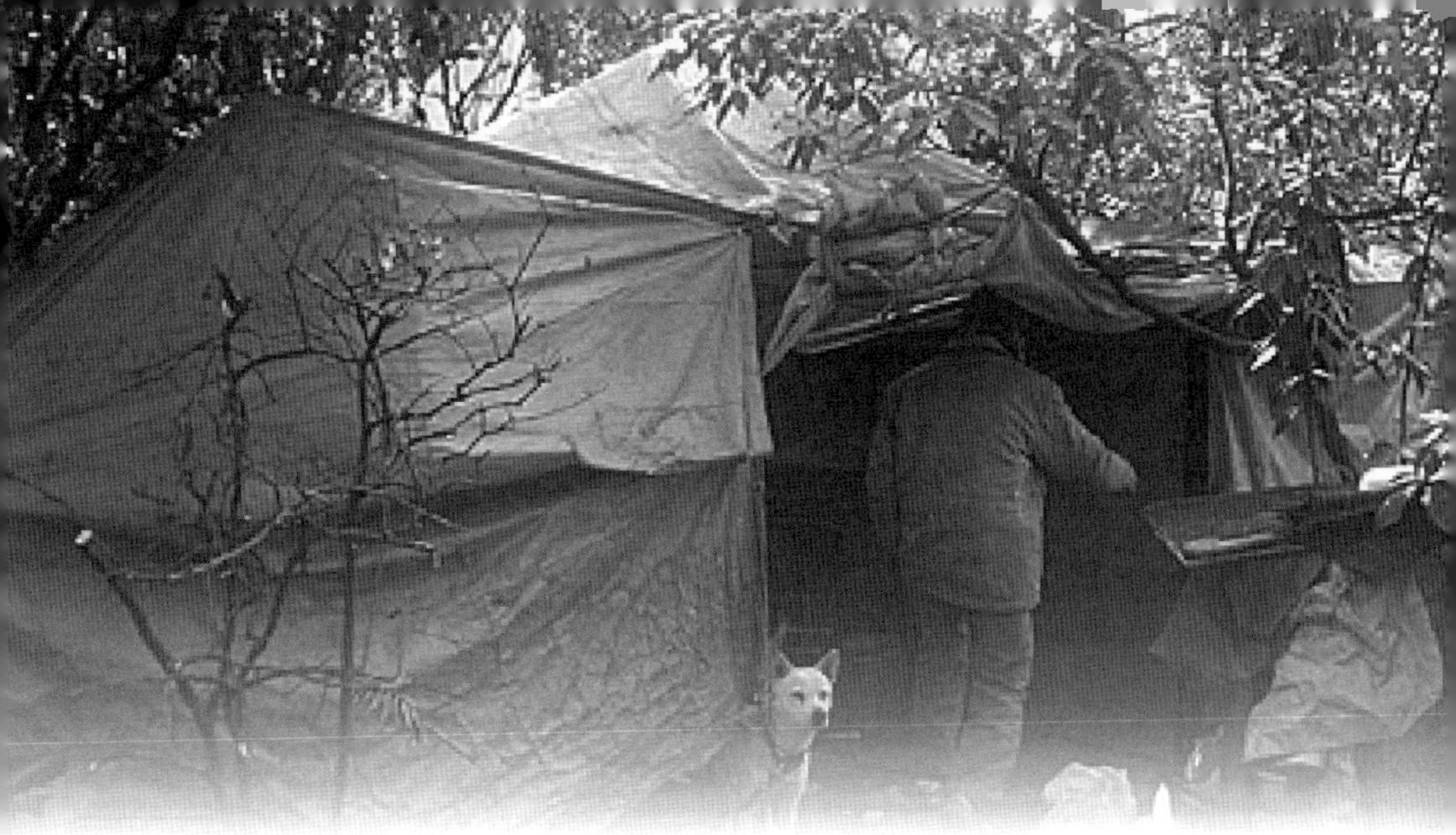

市更相を窓口とする生活保護施設（19施設）の入所定員は約2000名であるが、これに対して当時約2800名が入所し、飽和状態を超えていた（前掲連合大阪報告書24頁）。たとえば、大阪自彊館白雲寮では、98年4月時点での在籍者数は504名と定員（240名）の2倍以上、自彊寮では、99年4月時点の在籍者数は452名とこれも定員（240名）の2倍以上となっている。

厚生省令では、一人あたりの床面積は3.3平米以上、一室あたりの収容人員は原則4名以下と定められている。しかし、白雲寮では、一部屋の定員16名、平均入所人員17～8名で過剰収容が顕著であった。私たちも提訴に先立って見学に行ったが、部屋いっぱいに小さな2段ベッドがギュウギュウに詰め込まれ、廊下にまで人があふれていた。野戦病院さながらの状況であり、とても人が暮らす場所ではなかった。大阪弁護士会は、02年3月26日、大阪市と大阪自彊館に対して、厚生省令の基準に適合するよう改善を求める人権救済の勧告を行っている。

佐藤さんも、法廷で自彊寮でのつらい生活を詳しく語った。

佐藤さんが入所したのは10名部屋。部屋中に2段ベッドがぎっしりと詰め込まれ、狭い通路だけがある。佐藤さんが暮らすスペースは2段ベッドの下段の部分だけ。たたみ1畳くらいのスペースで寝返りもうちにくく、足を伸ばすとつかえる。座ると上段に頭があたるので起き上がって座ることもできない。天井の照明は2段ベッドに遮られ、各ベッドに小さな電気がついているがほとんど見えない。冷房もなく、部屋の奥に回転式の扇風機がひとつだけついているが、入口近くの佐藤さんのところにはまったく風が来ない。風も通らず、夏はとにかく暑い。何百人という入所者が、食事のときには長い列をつくってならぶ（『佐藤さん生活保護裁判資料集』第4巻26頁）。

裁判で証言した自彊寮の若い女性職員も、「あなた自身、自彊寮での生活が快適であると考えていますか」という質問に対して、「いいえ、快適じゃないと思います」「2段ベッドで、部屋も狭いですし、やっぱり施設ですから集団生活になるので自分の時間がとりにくいです」と答えている（『同裁判資料集』第3巻49頁）。率直な感想だと思う。私たちが暮らしたいと思わない施設に、「ホームレス」だからというだけで入所を強制して良いはずがない。

◉大阪地裁判決

先にも述べた通り、生活保護法30条1項は、「生活扶助は、被保護者の居宅において行うものとする」として、居宅保護の原則を宣明している。これは、人は施設での集団生活ではなく在宅での生活を望むのが当然であるだけでなく、地域社会の中で自らの意思決定のもと人間らしい生活を送ることこそが「自立の助長」という生活保護法の目的を達成するためにふさわしいからである。

一方、同条1項ただし書きは、「これによることができないとき、これによっては保護の目的を達しがたいとき、又は被保護者が希望したときは、被保護者を（略）適当な施設に収容し（略）て行うことができる」として、例外的に収容保護ができる場合を規定している。

訴訟では、現に居宅を有しないことが「これによることができないとき」にあたるかが争われた。『生活保護法の解釈と運用』という生活保護法の唯一の条文解説書がある。著者の小山進次郎は、現行生活保護法の立法を担当した厚生省保護課長。あらゆる生活保護裁判で原告被告双方がその記述を引用する「バイブル」的書籍である。この書籍の「これによることができないとき」の解説に「居宅を有しない被保護者を保護する場合の如きである」との一文がある。被告はこれを金科玉条のごとく引用して、居宅を有しない野宿者には居宅保護ができないと主張したのである。これに対して、私たち原告側は、「これによることができないとき」とは、「物理的、現実的に居宅保護ができない場合、すなわち、現に居宅を有しておらず、かつ居宅の確保が客観的に不可能な状況にあるとき」をいい、小山の時代はともかく、安価な賃借物件が多数存在する現代においては、ほとんどありえないと反論した。

この点、大阪地裁判決は、30条1項の趣旨について、「その自立を助長するという生活保護法の目的に鑑み、被保護者の生活の本拠である居宅において保護を行うという居宅保護が法の目的により適うものであるとの考慮によるものと考えられる」と述べたうえで、「このような法30条1項の趣旨に照らすと、要保護者が現に住居を有しない場合であっても、そのことによって直ちに同項にいう『これによることができないとき』に当たり、居宅保護を行う余地はないと解することは相当でない」とした。そして、住居を有しない要保護者に対して居宅保護を行うことはできないという誤った法解釈を前提として行った本件収容保護決定は違法であるとして、その取り消しを命じたのである。

◉新たな厚労省通知と大阪高裁判決

大阪地裁判決を不服として控訴した被告は、一審での主張をすべて撤回し、まったく新たな主張を行うという異例の行動に出た。法30条1項にいう「これによることができないとき」とは「現に居宅を有しておらず、居宅の具体的準備もされていないとき」をいうとし、本件決定当時、佐藤さんは居宅の準備をしていなかったから決定は適法であると主張し始めたのである。さらに、市更相側は、02年10月の第2回期日に突然弁論終結を求め、その後も繰り返し弁論終結を求めた。私たちは、この不可解な訴訟態度に反発したが、実は裏があった。

この間、厚労省は全国の自治体に対し、「本人が居宅での生活を希望し、かつ、居宅生活が可能であると実施機関が判断される場合には、保護開始時に敷金を支給し、居宅での保護を行う取扱いについてどのように考えますか」というアンケートを実施し、76の自治体から「支給すべき」との回答を、21の自治体から「支給すべきでない」との回答を得ていたのである（平成14年度生活保護担当技術委員および指導職員ブロック会議資料）。これは、厚労省が、本音では敗訴を覚悟しながら時間稼ぎのために市更相に控訴させ、その間に自治体の現場との意見調整を行っていたと理解できる。

そして、厚労省は、高裁判決を待つことなく03年7月31日、「ホームレスに対する生活保護の適用について」と題する保護課長通知を出すとともに実施要領を改訂した。これによって、野宿生活者に対して敷金等を支給して居宅保護を開始する道が実務上開かれたのである。収容保護主義にさらに大きな風穴が空いた。

なお、大阪高裁は、03年10月23日、控訴棄却（原告勝訴）の判決を言い渡した（賃金と社会保障1358号10頁）。「これによることができないとき」とは、文字通り「生活扶助を自らの居宅において受けることができないこと」をいうと解し、「居宅の具体的準備」を問題とする市更相の主張は採用できないとして一蹴。市更相側は上告せず、判決は確定した。

◉佐藤さんという人

「たとえば、トンネルに入っても出口が見えんな、いつまでたっても明かりが見えんな、これではどうにもならんな、そういった気持ちで、今でも炊き出し、そういった人を見るにつけ、痛いほど気持ちがわかります」。

法廷で「野宿をしていたときの毎日の気持ち」を聞かれて、佐藤さんは、こう答えた。本件収容保護決定の直後に西成区で居宅保護を認められていた佐藤さんにとって、この裁判を闘っても「実利」はなにもない。しかし、彼は、「原告」という大役を引き受けた責任を徹頭徹尾果たした。

無口で控えめな性格の佐藤さんだが、とにかく生真面目で責任感の強い人だった。弁護団会議にも裁判の期日にも必ず時間厳守であらわれた。難聴というハンディを抱えていて、難解な法律用語が飛び交う場に身を置いていることは苦痛以外の何物でもないと思うが、佐藤さんは必ず最初から最後まで席に就いていた。

佐藤さんの人柄は法廷で話した関係職員らの証言にもあらわれた。淀川寮の職員は、「佐藤さんはまじめな人やし、しっかりした人」と語った。自彊寮の職員は、佐藤さんから「寮で生活していても生きている実感がわかない」と話されたときのことについて、「佐藤さんは、とても真面目に自立を考えていた方なので、自彊寮での生活は自分らしい生活ではないと考えて、そのように言ったんだと思います」と語った(『同裁判資料集』第3巻42頁)。

訴訟も終盤にさしかかった佐藤さん本人の尋問の際、忘れられない光景がある。

尋問の一番最後に裁判長が何点か質問をした。しかし、裁判長の声が小さくて難聴の佐藤さんには聞き取れなかった。裁判長は質問し直したが、それでもまだ声が小さくて佐藤さんには聞こえなかったようだ。突然、佐藤さんは、つかつかと裁判官らが座っている法壇の下に歩み寄った。そして、補聴器の集音機を手に持って裁判長の口もとに突きつけたのだ。「申し訳ないけど、ここに向かって話してください」。いつもの通り控えめな佐藤さんの表情はそう語っていた。裁判官は、身を乗り出し、口もとに突きつけられた集音機に向かって真摯な表情で質問を続けた。それに対して、佐藤さんは、右手を裁判官の口もとに伸ばしたまま、法壇のすぐ下で裁判官の顔を見ながら真摯に答えた。短い時間だったが、一種緊迫したやりとりだった。裁判官も、きっと「この人は決してないがしろにできない」と感じたに違いない。

佐藤さんという人と出会い、仲間の弁護士たちとこの訴訟にかかわったことを誇りに思っている。

第3章　自立支援法の課題

生活保護制度と自立支援システムのはざまで

「……施設の住環境は決して良いとはいえず、狭い空間に8～10名前後の団体生活を強いられている。……人によって、あるいはそのときの社会情勢によっては、社会復帰の目処を立てるために6ヶ月という期間は十分とはいえない。」

本文より

支援者の視点

自立支援センターの役割と課題

更生施設 大淀寮・自立支援センターおおよど　奥村 健

1 生活保護法とホームレス自立支援法

◉巡回相談事業の立ち上げと自立支援センターの設置

私は、第一次石油ショック直後の75年に職場に入った。約30年間にわたって、「淀川寮」という生活保護法による更生施設と、のちに救護施設が併設された複合施設に勤務し、施設長も経験させていただいた。淀川寮の最後の6年間は、ホームレス自立支援センター「よどがわ」も合わせた施設の運営に携わった。その後、配転があって、現在は、更生施設「大淀寮」とホームレス自立支援センター「おおよど」の施設長を兼務して4年目になる。大阪市のホームレス対策には、当初からかかわらせてもらい、巡回相談事業の事務所の選定や発足にも立ち会った。ホームレスの自立支援センターのプログラム内容を決めるときにも、大阪市の担当者の方と協議をさせていただいたりした。

ホームレス対策の自立支援センターとしては「センターおおよど」が、00年10月2日に、全国に先駆けて開設をしている。その後、同年11月に「センター西成」、さらに12月には「センターよどがわ」と、当時総定員数270名からなる3ヶ所の自立支援センターが大阪市で設置された（時を同じくして、東京でも00年11月に新宿寮と台東寮の支援センター2施設が開設している）。

当時、各都市とも多くのホームレスをかかえ、全国的な対策が望まれていた。なかでも大阪市は際立って多くのホームレスの人たち（これはある意味、形こそ違え、いまだにいえることであろう）の存在が確認され、市内の公園、地下街、路上にと、いたるところで生活をしている姿が散見されていた。その状態が長年にわたって放置されたまま、なかなか手がつけられていなかった。それは大阪では「あいりん」という地域対策を前提に、施設保護主導の限定した貧困対策が取られていたことにも原因があったのだろう。また、バブルの崩壊を契機に新たに市内各地に出現したホームレス（野宿者）の存在をこれまでの福祉の対象とは別の特別なものとみなして、誰が、どう寄り添い受け止めるか、行政も福祉の担い手側も、見過ごしたまま手をこまねいていたことにもあったのではなかろうか。すなわちさまざまな思惑を背景に、裏付けとなる制度を活用することができないなか、個々に動き出すことへの逡巡もあったといえよう。

私たちじしんの反省も踏まえると、それまでの貧困対策が必ずしも、目の前にある個々人の命の尊厳や生活の保障、人がどう生きているかということへの深い関心、共感をともなっていなかったことにもあったといえる。ドヤ保護（簡易宿泊所を居所としての保護）や居所の定まらないままでの民間住宅、公営住宅入居に向けた居宅保護の適用（住宅扶助としての敷金支給）も、当時、大阪では原則として行われていなかった。

しかし、人の命を軽く扱うようなことは、社会としてそのまま放置はできない異常な状況である。それが社会のゆがみの結果であり、他人事として見過ごすべきことではないということは誰の目にも明らかであり、さまざまな形でかかわりをもった人びとの声も大きくなっていった。

そのような変化の時期から、さらに遡ること1年前の99年8月には、ホームレスの実態把握や意識調査を行うための「大阪市ホームレス巡回相談事業」が立ち上げられ、当初は大阪市生活保護施設連盟という団体に事業が依嘱されることになった。

この巡回相談事業は、支援センターが設置された後も、野宿地を巡回して、健康面を中心とした生活相談や、センターその他の施設利用の相談を行って現在に至っており、いまもホームレス対策の要として重要な役割を担っている。ホームレス自立支援の仕組みは、支援センターの設置と、巡回相談事業からの誘導による支援センターの利用が事業の中心になる制度である。時間の経過とともに、各福祉事務所や更生相談所からの紹介が巡回相談事業に頻繁に振られるようになり、巡回相談員が、福祉事務所窓口における生活相談の受け皿として実質的なコーディネーターの役割を担うこととなった。

生活保護施設連盟はその名の通り、大阪市所管の生活保護関係施設が集まってゆるやかな連盟形式の団体を結成している組織である。一方、その依頼の話を持ち込んできたのも、事業の計画を立案したのも、生活保護行政をつかさどる当時の保護課を中心とする民生局であった。

当初から生活保護とは別に、ホームレス自立支援センターなる施設という箱物を用意して、ホームレス対策の事業を行おうという考えであった。

巡回相談や自立支援センターという基本となるアイディアは保護行政の担い手が考え出し、実際の就労自立を目的とした具体的な運用運営の中身のほとんどは、それまで生活保護の更生施設で培った支援のノウハウをもつ施設運営者によって持ち込まれた。

東京や、横浜、神戸、名古屋、京都といった政令指定都市でも、既存の更生施設や宿所提供施設、公的な宿泊所があるところではそれぞれの地域にもともとあった資源や経験を活かして各都市独自でのホームレス対策を実施していった。

このように地方でホームレス対策が取られるのと同時進行で、各地からの後押しもあって10年間の期限付きの議員立法による「ホームレスの自立の支援等に関する特別措置法」が、02年8月2日に施行され、同様の対策が徐々に全国に広がっていったのである。

ここでいう「ホームレス」は、公園や路上、地下街、通路などで野宿生活を余儀なくさせられている人たちだけのことを指し、ホームレス対策の制度や自立支援センターは、あくまでそういった人たちの利用を前提としてのみ考えられていた。しかし実際は、ホームレス状況の人の層はもっと分厚く存在した。そのため、支援センターは、ホームレスの人たちの自立支援のみならず、野宿に陥る前の予防的な利用もされるようになった。良し悪しは別として、このことが、支援センターの存在の是非を問われることになっている理由のひとつなのかもしれない。

◉ホームレスの自立支援等に関する特別措置法施行の後

そもそも、生活保護法という憲法の基本理念に基づく生活保障と自立支援を掲げたセーフティネットの制度がありながら、なぜ新たにホームレス自立支援法という新しい制度、システムが必要になったのだろうか。

生活困窮に陥って、人としてあたりまえの生活ができずに社会から阻害されてしまった人びとに対して保障されるべき基本的な支援は、施設の利用、居宅保護の拡大、いずれの方法をとるにしても、生活保護制度を弾力的に、あるいは本来の理念通りに適用していくのが筋だし、それ以外の問題の解決の方法があろうとは考えられない。それは、私たち受け皿となった生活保護関係の施設を運営していたものも、行政の現場にいたものも、生活保護行政に関係するところで仕事をしてきて、ホームレス対策を真剣に自分たちの問題として受けとめようとしていた現場の職員の共通認識だったはずだ。

しかしながら、適切な自立支援の仕組みが用意されていなかったり、稼働能力のある人への生活保護の適用に慎重であるなど、保護をめぐるさまざまな思いが絡み合い、問題を放置して解決を先送りしてきたなかで、その頃には既存の生活保護の制度や施設だけでは手のつけ難い状況になってしまっていた。

私たちは、生活保護施設連盟の一員として、巡回相談事業を引き受けるのには積極的だった。しかし、法人として自立支援センターを引き受けるのには、地元との調整や、これまでの施設利用者の枠には、納まりきらない人たちが対象になること、期限が限定された施設運営など、さまざまな制約があることもあって、二の足を踏んだのが事実である。実際、各地で支援センターの設置は、必要とされながらも、なかなか進展しなかった。その後は、財団法人やNPO法人が主体となって各地に少しずつ広がり、現在全国で20数ヶ所程にまでゆっくりと増えてきている。

都市におけるホームレス増加の背景には、バブルの崩壊という直接的契機はあったにしても、大きな潮流としての雇用の不安定化と喪失が進んでいたことがある。国際的な企業の生き残り競争や少子高齢社会を迎えるなかで、製造業の空洞化と同様に、土木建築業界においても、バブル期における労働力不足と人件費の高騰への対応もあいまって、コストの削減合理化が、徹底して進められていったのだ。

大阪には「あいりん」地域（釜ヶ埼）という全国一の寄せ場があるが、バブル崩壊以降の不況のなかで、高齢化し再雇用の道が閉ざされた日雇い労働者が、その寄せ場からあふれ出し、ホームレスの多数を形成していった。「あいりん」対策は大阪市の重要な施策のひとつであったが、日雇労働保険と施設保護を中心においた限定的な枠のなかでの生活保護（医療保護も含めて）の運用で行われてきており、基本的な施策のメニューは限られていた。

また、時間の経過につれて、そういった日雇労働現場の不安定な就労や生活のなかに基盤を置いていた人たちの生活が脅かされるようになってきただけでなく、土木建築現場の仕事や、「あいりん」の経験もない、さまざまな形態の不安定雇用から切られてきた労働者もホームレスの多数を占めるようになっていた。

本来、ホームレス自立支援事業は、巡回相談で路上や公園で寝ている人たちに声をかけて、そのなかから就労自立を目指すセンターの利用者を募る仕組みであった。しかし、福祉事務所での相談ケースや、本来、対象とはされていなかった「あいりん」の更生相談所に相談に訪れた稼働能力のある人たちも、巡回相談に対応が依頼されるようになっていった。現在では、巡回相談で受けるケースの半数以上を、福祉事務所からの紹介ケースが占めるようになっている。自立支援センターが設置される以前であれば、更生施設などの生活保護施設の利用による支援が考えられる人たちや、対人関係が苦手で集団生活が困難な人たちも、就労意欲があると見なされれば、まず巡回相談に振り向けられ、そのまま支援センターを利用するようになってしまった。その結果、利用期間に定めのあるセンターでは、十分な支援ができないまま、良い結果に結びつかなかったケースが少なからず存在するのも事実である。

◉自立支援センターの機能と課題

何よりも、自立支援センターの最大の利点は、施設に入所してすぐその場で、就職活動ができることである。また就職すれば、生活保護を受けるなかではできない、就労による所得をそのまま、すべて、自己資金として預貯金が認められることである（ただしこれも、大阪市では、更生施設や、救護施設などの生活保護施設においても、自立に向けた貯金指導のもとで同様に認められていることではある）。

自立支援センターができたことで、全国どこであっても、センターを設置すれば、そこを利用する人たちは、自立のために就労による所得を蓄え、資金が積み立てられるようになったのである。具体的な就労支援は、多様に準備されており、身近に就職活動が用意されている。なかでも職安（ハローワーク）との太いパイプは大きい。ハローワークから、毎週、３日間出向してきて、求人紹介も含めてさまざまな職業指導をしてもらっている。センター運営に協力し、就職の斡旋をしていただける業者との繋がりもできている。その他、職員が開拓した職場への就職紹介、キャリアカウンセラーのカウンセリングが受けられるなど、センターでは、就労へのハードルを取り除くためのさまざまな対応や配慮がなされている。

もちろん、寝食が保障されて、基本的な生活の心配をすることがないことや、センターを拠点として住民登録ができることの意義も大きい。さらには、センターの開設と同時に、大阪市のホームレス支援をしている弁護士の有志の方たちが、各センターを巡って、無料法律相談会を開いてくれるようになった。法律相談で債務が整理されることで就労自立後の生活にめどが立った人も大勢いる。

また、運転免許証の取得をはじめとした、さまざまな資格や免許取得、技能講習が用意されている。その資格を得ることが、すぐに就職に結びつかなくても、就労の幅が広がり、意欲を引き立てる効果も大きい。医療に関しても、入所と同時に健康診断が受けられ、必要とあれば生活保護上の医療扶助は認められていて、病気治療にも対応している。就職活動や、仕事に就いた後必要になる交通費、食費などの貸付制度や支給制度も設けられている。

このように就労自立のための総合的な仕組みが設けられている点では、これほどの充実した仕組みは他に類をみないのではないか。

ただ、一方で施設の住環境は決して良いとはいえず、狭い空間に8～10名前後の団体生活を強いられている。互いの関係を割り切って付き合いができる人はやっていけるが、人間関係、社会適応性に難のある人も少なくない。こういう人は当人もつらいが、周りの人への影響も大きく、中途退所の大きな原因のひとつになっている。個人のプライバシーが尊重される時代、のっけから集団は合わないという人も多い。団体生活を通して、互いの関係、影響で、いい効果が生まれることも少なくはないが、6ヶ月間という入所期間であっても、精神的な疲労、負担は大きい。

反面、人によって、あるいはそのときの社会情勢によっては、社会復帰の目途を立てるために6ヶ月間という期間では充分とはいえない。「6ヶ月という期間制限のある団体生活」が当然の前提とされているのは、選択肢の幅が狭く、センター利用の最大の欠点といえよう。期限があることが原因で中途半端な退所に繋がってしまう結果になることもかなりあり、多くのセンターで在所中の就労率は高くても、就労自立による退所は40％台という結果となっているのが実態である。

2 施設の仕組み、役割と問題

◉生活保護法の施設と自立支援センター

さて、実際に、更生施設や救護施設といった元からあった生活保護の施設と、新たに設けられた「自立支援センター」、それぞれに異なった根拠の法律に基づく施設を、同時並行で運営してきたなかで、どのようなことがみえてきたか。さらには今後、自立支援のために施設が果たしうる役割として、どのような可能性が考えられるのか検討してみたい。

更生施設や救護施設は、生活保護法に基づいて、旧来から存在している施設で、設置運営は公設置（公営）か社会福祉法人にのみ認められている。建物の設備、職員配置、経費の使途などの基準が厳しく設けられ、運営主体が限定された措置施設である。一方の「自立支援センター」は、２種社会事業として財団法人や（ＮＰＯ法人）でも受託や、運営をすることができる施設であり、制約は、比較的緩いといっていいだろう。

支援センターができる前は、更生施設や宿所提供施設、あるいは一部の救護施設が、就労や地域生活獲得のために、自立支援を行ってその役割を担っていた。しかしながら、全国に200ヶ所以上あるこういった生活保護法の枠内にある施設のなかで、ホームレス状況にある人たちの利用できる生活保護施設は、大都市にある20ヶ所ほどの施設に限られていた。さらに、そういった施設においても、ホームレス状況にある新規入居者を受け入れられる余地はわずかしかなかった。また、施設を利用するためにも、居宅保護と同様、生活保護の受給要件は満たさなければならず、新たにホームレス状況になった多くの人びとの生活を取り戻すための実際的な解決には、まったくといっていいくらいその役割を果たせなかった。

ホームレス状態になり路上や公園に寝泊まりせざるをえない人が増えて、放置できない状況に至っているのに、なぜ既存の社会福祉施設が機能しようと自ら動き出さなかったのか。

それは、生活保護施設を代表する救護施設を運営する側の意識や、施設の置かれている環境に問題があるのではないだろうか。

地方の多くの県や都市にも救護施設が存在するが、ホームレス問題を大都市ほど差し迫った解決すべき課題として捉えることなく、ややもするとさまざまな形で生活保護の申請をコントロールして、目の前の問題から逃れていた。いろいろな背景や課題を抱えているホームレスの人たちの対応を福祉施設が迫られることもなく、結果として自前の解決をするための機能をもたない地方から、対策が取られている都市部への流入が必然的に起き、施設対応も含めた地域間格差が恒常化していたとみることもできよう。

もうひとつは、施設運営面で安全な経営を行いたいという思いから、あえて危険を冒して、しんどいことに手を出す必要はないという保守的な意識をもつ施設経営者が大勢を占めていることであろうか。

主に人件費である事務費も、利用者の生活費である事業費も、利用者が存在することではじめて経費が発生する仕組みになっている。下世話に言えば、「一人頭なんぼ」の世界である。利用者がいなければ、職員の給与も支払えない。逆に一定して利用者を抱え込んでいれば、安定した経営ができるわけである。ほぼ一定の常に満床に近い状態で利用者を維持し、できれば少しぐらいは定員を超過して利用者を抱えていることが、経営上は望ましい。できるだけ利用者が入れ替わらないことが、安定した施設運営を行ううえで好ましい形になってしまっているのである。

リスクを冒す新たな利用者を受け入れる必要のない状態が一番施設にとって好ましい状態であるため、出入りの少ない施設運営によって入所期間は長期化し、同じ利用者が施設にずっと居続け、結果として、社会の変化に伴う真の社会ニーズに、施設は応えていないことになってしまったのである。

一方、センターは、とりあえず年間で一定の運営費が保障されている定員定額制の世界である。余剰金ができてもくり越すことはできないし、余れば返還しなければならない経費の仕組みになっている。その年度に利用者が少なくて定員以下で事業運営が行われると、定員が下げられて、その翌年の経費が減額されることになる。赤字になっても原則補塡されることはない。運営する側としては、せめて更生施設並みの設置基準にもって行きたいと思うのであるが、最初の開設のときに面積あたりの定員を無理な設定で計画してスタートしているうえ、簡単に定員を下げて生活環境の改善ができないようになってしまっているのだ。

生活保護施設のなかでも、大都市の更生施設や宿所提供施設は、旧来から利用者の社会復帰を目指す目的で、施設を運営している。就労や、居宅保護を受けるなど、地域に戻ることを前提にその支援を行って、年間でほぼ定員に近い利用者の入れ替わりがある。

こういった施設は、センターと同様に、定員いっぱいに利用者が入って、満床になってしまっていては、いざ緊急に受け入れる必要があったときに、受け皿としての機能を果たせず、社会的役割がまっとうできない。しかし、こちらは生活保護の施設であるので運営経費は利用者の人数によって措置されるため、社会ニーズや利用者のニーズに出来るだけ沿い、常に新たな利用者の受け入れをしていかないと社会的な存在意義も、経営も成り立たないのである。

昨今のような集団生活に抵抗のある利用者が増加傾向にあるなかでは、利用者の入れ替わりはさらに激しくなる傾向がある。そこに、支援センターができたことで、就労自立に特化した支援センターと既存の更生施設との間に競合が起きている。これまでの利用者のなかでも、比較的社会復帰の容易な、就職に意欲があり、特別な支援の必要のない能力の高い人は、センターに吸収される。そのため、社会に折り合いを付けるのが難しいさまざまな課題をかかえる人たちが、更生施設利用者の多数を占め、職員の負担は大きく、利用者のニーズに応えきれない状況が生じている。

3 施設主導の施策転換

◉施設利用（入所）と居宅（保護）生活

ホームレス自立支援法の問題のひとつは、この制度の成立が、セーフティネットとして、また自立支援を謳っている仕組みとして、生活保護制度がありながら、屋上屋を架し、結果としてダブルスタンダードが生じてしまっていることである。ただ、これまで縷々、申し上げてきたが、既存の制度では対応が難しくなっていたし、これ以上は放置できない状況になっていたということだけはいえる。異論はあるかも知れないが、結果、それをきっかけとしてホームレスの対策が進んだ面があることも否めないことである。

いまひとつの問題は、支援センターという施設利用を前提にした対応のみが、ホームレス自立支援法のメニューとして用意されていることである。施設を使った福祉の是非ということを、きちんと整理精算することが必要であり、そのことは、自立支援センターだけではなく、既存の社会福祉の制度と福祉施設の問題を考えることから始まる。

本来、生活保護の制度は居宅での生活を前提に考えられているものであり、必要とされる人には世帯単位に（もしくは改正できるものであるなら個人単位でも）地域生活を保障されるべきものであろう。生活保護法が制定されたときに、制度として施設の枠組みが設けられたのは、戦前から施設主導の福祉施策が当たり前の時代であり、他の法整備が遅れているなかで、戦後復興期のさまざまな利用者を受けとめる必要があったからである。

その後の、高度経済成長期や一億総中流といわれた豊かさの繁栄を謳った時代に、貧困は日本の社会のなかの特殊な問題になってしまい、生活保護も施設のあり方も、幾度か見直しを検討されながら先送りされてきた。

施設の利用については、集団生活や、規則に縛られる息苦しさがあり、施設が利用者を抱え込んでしまう傾向があることなど、施設の悪い面ばかりが見られがちである。たしかに、さまざまな制約、条件をつけて、居宅の保護に道筋をきちんと示してこなかったことは、施設を使った排除といえるかもしれない。利用者にとっては選択して決めたことではないということであろう。

実際、これまでの施設中心の福祉施策が行われてきたなかで、一方で社会防衛的な施設依存が生じ、他方で施設によるかかえ込みという施設側都合といっていいような、本来あるべきでない施設収容の常態化があることは否めない事実である。

施設での生活は出来るだけ早く切り上げ、利用者が自立した生活ができるように、一人ひとりの問題の解決を図り、条件を整えて地域に送り出して行くべきであろう。

セーフティネットを必要とする人びとが圧倒的な勢いで増加し、施設がそのニーズに応えられず、居宅保護への大きな流れができるなかで、施設の存在そのものが問われている。

4 現在の社会状況と最後のセーフティネットのあり方

◉新たな社会保障の仕組み

家庭や地域、中小企業などに、抱え込める力が備わっていた時代には、社会全体で、雇用や生活を支え合い、人びとの暮らしや営みにもゆとりがあった。国際間の競争が激化するなかで、より安価な労働力を求めて、製造に人手を必要とする企業は国外に出ていってしまい、国内に残っている建設や土木現場、工場でも、人手を省く技術革新が進んだ。また、日本的雇用慣行である終身雇用や年功序列の仕組みが崩壊し、契約社員や派遣労働といった不安定な雇用、劣悪な労働条件が広まって、社会全体は危うさ脆さを呈するようになっていた。

そこに今回のアメリカ発の金融危機からもたらされた世界的な経済不況が襲った。バブル崩壊後の不況からかろうじてもちこたえていた景気も雇用も、ひとたまりもなくあっという間に吹き飛んでしてしまい、企業は自己防衛のために、多くの人びとの雇用を喪失させていった。

失業はそのまま生活の喪失でもあった。多くの人びとの生活が失われ、結果として、生活保護で、その保障をする以外に道筋はなかったのである。

厚生労働省の09年9月の集計で、受給世帯は126万7261世帯で、昨年同比1.11倍であるが、そのうちの稼働能力のある「その他の世帯」は、08年9月時点で11万8821世帯であったのが、16万9106世帯に、率にして1.42倍に増加。とくに、製造業の多い浜松市で2.79倍、名古屋市2.42倍、北九州市2.13倍等と2倍を超しており、さらに、さいたま市が1.95倍、大阪市1.84倍、東京23区が1.39倍などとなっている。

ホームレスの自立支援センターや、都市部の更生施設をはじめとした生活保護施設の利用状況を見ると、全体に、若年齢化の傾向が急激に進み、利用期間の短縮化傾向が見られるようになっている。また、施設利用の地域格差が生まれ、東京都の施設ではセンターでも更生施設でも2～3ヶ月待ちという状態が続き、路上生活に追い込まれる人の増加が懸念されている。他の都市でも同様の傾向が見られ、予断を許さない状況が続く。

一方、大阪では、一時期、施設の利用者も急激な増加を見せ、待機者があふれている状況もあったが、施設から地域生活への移行を進め、受け入れの余裕を持たせたり、一般窓口での居宅保護も大幅に緩和されて、保護施設も自立支援センターも、大幅な定員割れを起こしており、まったく異なる様相を見せている。

大阪の「あいりん」では、簡易宿泊所（ドヤ）が看板を降ろすだけで、賃貸アパートに物件を切り替え、狭い、条件の悪い部屋で6000件以上といわれる住宅扶助上限額での居宅保護が適用されている。また、「あいりん」のドヤ以外でも、関東で問題になっている2種事業の無料低額宿泊所の運営とは異なった形で、不動産関連の業者が、通常の不動産物件を斡旋して多くの生活保護受給者を吸収している。

いわゆる「貧困ビジネス」といわれる実態も、関東と、大阪を中心とした関西とでは大きく異なっている。

関東では、無料低額宿泊所の運営が福祉事業として公然と行政に認められながら、最低基準も設けられていないなかで、利用者からの搾取や、脱税に結びつくなどの反社会的な実態も一部でみられ、大きく問題となっている。

一時期、横ばい状態であった無料低額宿泊所も、この不況の影響下、新たな開設、増設が進み、09年10月1日現在、東京では、施設数175ヶ所、定員5437名、埼玉34施設、定員約2000名、千葉30施設（政令市、中核市をあわせると50施設)、1330名、川崎市23施設、864名、横浜市34施設、1308名など、大きな受け皿となっている。

厚生労働省の無料低額宿泊所等の検討チームによる実態把握のためのデータとしては、全国的な資料統計として、これ以外にも以下のような各施設の利用状況を示す数字が上がっている。

無料低額宿泊所1万4089名、救護施設1万6961名、更生施設1766名、ホームレス自立支援センター3964名、法定外1万2587名、合計4万8867名という利用者数である。「法定外」などは、その捉え方でもっと大きな数値にもなりそうであり、統計に上げる基準の捉え方が、自治体によってバラツキがあるのかもしれない。単に定点観測での数値ではなく、利用者の推移、傾向や実態などがわかる数字が欲しい気もするが、現状確認のためには貴重なデータである。

このデータは、その数字以上に、既存の福祉施設の役割や存在意味を問いかけている。宿泊所や「法定外」の受け皿のなかには、まがりなりにも個室を提供しているところもあり、通常の賃貸マンションなど一般居宅での保護も進んでいる。多くの福祉施設が、いまだ集団生活を前提とした運営をしているなかで、選択の移行が進みつつあるデータなのかもしれない。

危機的な状況を抱えた圧倒的な人びとの数の出現を前にして、これまで自立支援の仕組みを構築しないまま制度の改革を怠ってきた生活保護であるが、最大限活用する以外にこの状況を乗り切ることができないのは歴然たる事実である。ただ誰もが簡単にアパートを確保して居宅保護の適用を受けられるわけではない。仕事も住居も失い信頼のおける人間関係を断たれた人にとって、保証人を準備したり、家具什器等の見積書を準備することは容易ではないからだ。誰かの手を借りる必要があるなかで、貧困ビジネスという新たなビジネスが、関東、関西それぞれ異なった条件のもと、違った形で発生し発達してきたのである。すなわち東京を中心にした関東地方では、もともと社会福祉を専門とした社会福祉事業の無料低額宿泊所が残っていて、届け出さえすればいいという簡便さゆえに、

NPO法人の認可などとセットで利用され、会社の寮などを充てて社会福祉事業の施設の運営を始め、アッという間に広まってしまったのである。一方、大阪を中心とした関西では無料低額宿泊所そのものがなかったことと、自治体が警戒して厳しい制限をしたため、宿泊所事業の届け出数は少なかった。一般の不動産業者やアパート経営者、簡易宿泊所の経営者、NPO法人などが、物件を利用者に提供し、個別の居宅保護による福祉の利用がされている。新たに出現した「貧困」層を取り込んで利用者を拡大しているのだが、どちらかというと関西の方がその実態は見えにくいのではないか。

いずれにしても、こうしたビジネスは、今や大きなボリュームを形成し、その実態を無視することはできなくなっている。かかえ込まれた利用者のこれからの生活に対して、行政はもちろん、私たち福祉事業の担い手側も、責任をもって強くかかわりをもち、支援していくことが必要であろう。

これまでは、それぞれの福祉施設が、それぞれの目的を持って設置され、施設の種別ごとに与えられた役割を個々に特化した形で、最大限機能するよう運営が行われてきた。しかし、いまその機能が必ずしも良好であるとは言えなくなってきている。高齢者や障害者の施設の量的な不足や無理な自立支援の押しつけによって、行き場を失った高齢者、障害者がある一方、現代に生きる人々の生活感や価値観との乖離等がみられ、施設利用は敬遠されるようになってきている。

ホームレスの自立支援センターもまた、他聞に洩れない状況にある。そこに盛り込まれた自立助長の機能は、いま、他を見渡してもこれ以上にないさまざまな要素が集約的に備わっていて、これ以上なく合理的であるとさえいえる。しかし、支援センターが設置されて既に9年が過ぎた。利用者も様変わりし、社会もさらに厳しさが増すなか、施設というと集団生活や規則、人間関係のわずらわしさがつきまとうものとして、そういった条件に耐えられない利用者への配慮が必要となっている。

施設の良さは、人びとの生活や命が脅かされ他に方法が閉ざされている際の、緊急窮迫への即応性があり、何よりも24時間職員が居て、利用者の生活に寄り添い、その自立の支援を行える点にある。しかし、適切な距離感と個人の生活感の尊重も当然必要である。さまざまな問題、課題を抱えている利用者に対して、常に施設利用を中心に置いて、すべての解決を負わせることは適切ではなく、早い段階で地域生活への移行を図り、地域生活への支援も行っていくことに目を向けるべきである。

10年度から、新たなセンター運営の取り組みとして、街中のマンションやアパートを戸別ごとにバラバラで借り上げ、センターの部屋の一室として利用ができるようになった。

大阪では、この7月から各センターで10部屋ずつ、３センター計30室の契約を済ませている。来年度以降、増床していく予定もある。

自立支援センターの生活では、望めなかった個室とプライバシーの確保ができるようになった。これまでの施設運営という枠で考えていては、前に進むことはできない。

生活保護の施設においても、サテライト施設を設置したり、通所、訪問の仕組みを利用し、地域での生活を支援しているが、限られた施設が実施しているに過ぎない。他法の施設でも制度はあって、ニーズはありながら、なかなか広がりはみえない。

利用者側のニーズをくみ取っているということでは、むしろさまざまな民間の個別契約の方が進んでいるともいえる。箱ものでもなく、地域で孤立させることもない、新たな生活支援のあり方が、あらゆる分野の福祉において工夫されるべきであろう。

そのなかで、自ずと、施設ができること、しなければいけないこと、その役割や、改善すべきこともみえてくるのではないだろうか。

法律家の視点

新宿七夕訴訟

弁護士　戸舘 圭之

1 「ホームレス」は生活保護を受けられないのか

生活保護制度は、憲法25条に基づき「健康で文化的な最低限度の生活を営む」ことができない人びとに対して、国家の責任で最低生活を保障する制度である。

安定した住居がなく公園、地下道などの路上で寝泊まりをせざるをえない人びと（いわゆるホームレス状態にある人びと）は、まさに生活保護制度によって救済されなければならない。

しかしながら、行政は、これまで多くの「ホームレス」を生活保護制度から排除してきた（その一例が林訴訟であり、佐藤訴訟である。）。

自立支援システムや宿泊所などの施設が利用可能な地域では、ホームレス状態にある人びとが生活保護を受けようとすると、決まって緊急一時保護センターや無料低額宿泊所などの施設を利用するよう誘導される。生活保護（居宅保護）につながるのは、病気や高齢であるなどの特殊な事情がある場合か、支援者や法律家などが申請に同行することにより生活保護申請の意思を明白に示すことができた者のみである。

また、生活保護制度には一応受け入れるが、「ホームレス」に対しては施設（無料低額宿泊所などの施設）への収容を原則とするなど、住居のある人と取扱いを区別する「劣等処遇」がまかり通っている。

しかし、翻って考えてみて、なにゆえに「ホームレス」であれば生活保護を受けられないのか、生活保護を受けてアパートに入居することが許されないのか。

憲法25条、生活保護法の理念に照らせば、ホームレス状態にある人こそ生活保護制度を利用することによって最低生活が保障されるべき人びとではないのか。

「新宿区ホームレス生活保護裁判（通称「新宿七夕訴訟」）」は、このような素朴な疑問を司法そして社会に対して問いかける訴訟である。

新宿七夕訴訟は、「ホームレス」を稼働能力活用要件を盾に生活保護から排除しているという点では林訴訟と共通する。また、自立支援システム（それは施設入所を意味する。）への誘導により「ホームレス」への居宅保護（アパートへの入居）の適用を拒否している点では佐藤訴訟と共通する。そして、これら事件の根底には、「ホームレス」に対する差別的な劣等処遇を容認する福祉行政という根深い問題がある。

新宿七夕訴訟は、ホームレス自立支援法制定後の事件という点では、林訴訟、佐藤訴訟とは異なり、この点が本件訴訟におけるひとつの争点ともなっている。

2 訴訟に至る経緯

◉野宿から生活保護申請へ

08年6月、東京都新宿区において野宿生活を余儀なくされていた山田哲夫〔仮名〕さん〔当時57歳〕が、アパートでの生活を求めて新宿区福祉事務所長に対し生活保護申請をした。

山田さんは、中学を卒業してから、ずっと働き続けてきた。地元で飲食店、造園業などの仕事につき結婚をし家庭をもったが、病気などを理由に家族と別れ仕事も失ってしまった。仕事を失った山田さんは、仕事を求めて東京に出てきたが仕事といっても正規社員の口はまったくなく飯場などで働いていた。その後、派遣労働者として各地を転々とすることになったが、派遣切りにあい、再び仕事を求めて東京に出てきたのである。東京に出ても仕事はなく、山田さんは路上生活を余儀なくされた。山田さんは、福祉事務所に援助を求めて自立支援システムを利用し緊急一時保護センター、自立支援センターに入所して就労自立を目指したが、大部屋でのプライバシーのない生活と厳しい条件下での労働により心身ともに疲れ果て、耐えきれずに施設を退所してしまった。

再び路上生活をせざるをえなくなった山田さんは、路上生活から脱却してアパートで暮らし、仕事を得たうえで普通の生活を送りたいと強く思っていた。

そのようななかで、山田さんは、東京都内でホームレス状態にある人びとへの法的支援を行っている弁護士、司法書士らのグループ「ホームレス総合相談ネットワーク」が主催する相談会に参加し、法律家に相談した。山田さんは、相談した弁護士から生活保護を利用してアパートに入居して生活を立て直すようすすめられ生活保護申請をするに至ったのである。

相談会の翌日、山田さんは、法律家、支援者らの同行の下、新宿区福祉事務所に生活保護申請に行った。しかし、福祉事務所の相談担当者は、生活保護申請の意思を明らかにしている山田さんに対し、「他法他施策」なる言葉を連呼して、自立支援システムの利用を強硬にすすめ、生活保護申請自体を受け付けようとはしなかった（担当者の発言は支援者らにより録音されており、録音データと反訳が裁判所に証拠として提出されている）。

支援者らによる粘り強い交渉により生活保護申請自体は受け付けられた。しかし、所持金がほとんどなく、その日に泊まる場所もない山田さんに対し、福祉事務所は、明日また来るようにというだけで、当面の生活資金等を一切わたすことなく窓口から追い返した。

その後、何度か、山田さんは、福祉事務所の窓口に行き、相談担当者との面接を行ったが、相談担当者は、山田さんが過去に自立支援センターを利用した際、就職先を退職し施設を退所した経緯について、執拗に追及した。面談のなかでは、相談担当者から「嘘つきには保護をかけられないよ」などの暴言も飛び出した。

結局、新宿区福祉事務所は「稼働能力を十分に活用していない」などの理由により、申請を却下した（その後、2度にわたり生活保護申請をしたが同様の理由で申請は却下された）。

保護申請却下通知書の却下理由には「申請人にはこれまで稼働能力を活用する機会が複数あったにもかかわらず、活用にいたっていない。したがって、生活保護法第4条1項にある「稼働能力」を十分に活用しているとは判断できない。

また居住地を持たない申請人の自立のためには、更生施設を事実上代替する自立支援システムがあり、その利用が先ず求められるも（原文ママ）である」と記載されている。

そこで、急遽、弁護団が結成され（団長 宇都宮健児弁護士）、司法の場において、新宿区福祉事務所の違法な対応を是正させることとした。

山田さんは、08年7月7日、新宿区を相手に、生活保護申請却下処分の取消し、生活保護開始決定の義務付けを求める行政訴訟を東京地裁に提起した（係属部 東京地裁民事第2部）。あわせて、本案判決の確定までの仮の救済をもとめる仮の義務付けの申し立ても行った。

弁護団、支援者では、本件訴訟を提訴日にちなんで「新宿七夕訴訟」と呼んでいる。

◉仮の義務付け却下と他区での生活保護開始

東京地裁民事第2部（岩井伸晃裁判長）は、08年8月13日、仮の義務付け申立を却下する決定を下した。

東京地裁は、相手方新宿区の主張をそのまま受け入れ「稼働能力を有する申立人について、本件処分当時、その具体的な稼働能力を前提としたうえで、その稼働能力を活用する意思をもってその機会を得る真摯な努力をしていたとはいえず、かつ、客観的な蓋然性として、その意思をもって真摯な努力をすればその稼働能力を活用する機会を得ることは可能であった」として、生活保護法4条1項の補足性の要件を欠くと判断し、仮の義務付けの「緊急の必要性」を判断することなく「本案について理由があるとみえるとき」の要件を充足しないとして申立を却下した。

かかる決定は、山田さんが現在、置かれている生活困窮状況をまったく無視し、山田さんが、過去に施設を自ら退所し、本件申請にあたって施設への入所を断ったという（行政側からみたところの）背信的態度をことさら問題視して申立人への生活保護を拒絶することを正当化するものであり、憲法25条、生活保護法に照らし、きわめて不当である。

裁判所のこのような考え方の背景には、「野宿をしている人間がアパートに入りたいなんて、なにをぜいたく言っているんだ」「施設に入れるだけ、ありがたいと思え」などといったホームレス状態にある人びとへの根強い偏見、差別意識があるものと思われる。

弁護団は、却下決定に対し即時抗告をした（その後、板橋区での生活保護が開始されたことから仮の義務づけの申立自体を取り下げた）。

この却下決定が出されたことを受けて、山田さんは、新宿区以外の区（板橋区）で生活保護申請をしたところ、「急迫」を理由に即日開始となった。

3 本件訴訟の争点

◉「ホームレス」に対する差別的取扱いの違法性（無差別平等原理違反）

本件訴訟を端的に表現すれば、「ホームレス」に対して差別的な取扱いをしている新宿区福祉事務所の生活保護行政のあり方を問う訴訟である。

先にも述べた通り、本件保護申請却下通知書の却下理由には、「申請人にはこれまで稼働能力を活用する機会が複数あったにもかかわらず、活用にいたっていない。したがって、生活保護法第4条1項にある「稼働能力」を十分に活用しているとは判断できない。また居住地を持たない申請人の自立のためには、更生施設を事実上代替する自立支援システムがあり、その利用が先ず求められるもで《ママ》ある」と記載されている。

しかし、この却下理由は、新宿区福祉事務所が、いわば「後付け」で付した理由にすぎない。本件却下処分の真の理由は、山田さんが、当時、居宅を有しない路上生活者（いわゆる「ホームレス」）であったからに他ならない。

住所がないから、ホームレスだから、などといった理由で生活保護の取扱いにおいて差別されてはならない。

新宿区は、生活保護の窓口における取扱いで居宅を有する者と居宅を有しない者（「ホームレス」）とを制度上区別している。具体的には、居宅を有する者の生活保護の相談、申請に関しては「相談係」が相談を担当しインテイクを経てケースワーカーへと引き継がれていくことになっているが、居宅を有しない者（「ホームレス」）からの生活保護の相談、申請があった場合は「自立支援係」が担当するものとされている（新宿区福祉事務所処務規程3条）。

本件訴訟において、弁護団は、本件却下処分は、生活保護法の基本原理である「無差別平等の原理」（生活保護法2条）に反するということを前面に出して主張している。

生活保護法2条は「すべて国民は、この法律の定める要件を満たす限り、この法律による保護（以下「保護」という）を、無差別平等に受けることができる」と規定し、無差別平等の原理を定めている。

無差別平等とは、保護を要する状態に立ち至った原因の如何や、人種、信条、性別、社会的身分、門地等により優先的又は差別的に取り扱われることはないことを意味する。当然のことであり、憲法14条の平等原則に根拠を有する規定である。

現行生活保護法は、旧生活保護法にあった絶対的欠格条項（旧生活保護法2条は絶対的欠格条項として「能力があるにもかかわらず、勤労の意思のない者、勤労を怠る者、その他生計の維持に努めない者、素行不良な者」に対する生活保護の適用を明文で拒絶していた）を廃し、無差別平等を一層徹底させている点に特色がある。

現行生活保護法の立案に深く関与した小山進次郎も次のように述べている。

「旧法の第二条や第三条のような絶対的欠格条項を受給資格の上に設けなかつたことは、新法の特長の一つである。これは何等かの意味において社会的規律から背離している者を指導して自立できるようにさせることこそ社会事業の目的とし任務とする所であつて、これを始めから制度の取扱対象の外に置くことは、無差別平等の原則からみても最も好ましくない所だからである」（小山進次郎『〔改訂増補〕生活保護法の解釈と運用』106頁）

無差別平等の原理は、生活保護法全体を貫く基本理念であり、法の解釈適用にあたっては、常に同原理が判断の前提とされなければならない。

◉自立支援システムの利用拒否と稼働能力活用要件

新宿七夕訴訟において特徴的なのは、緊急一時保護センターへの入所を伴う自立支援システムの利用を拒否した事実が、稼働能力活用要件と関連づけてとらえられている点である。

東京都における自立支援システムとは、路上生活者に対する都の事業であり、緊急一時保護センターへの入所と、それに続く自立支援センターへの入所をその内容とする。

緊急一時保護センターは、路上生活者を一時的に入所させ、心身の健康回復と、利用者の状況に応じた適切な援護を行うための調査および評価を目的とするとされている。利用期間は原則1ヶ月で、さらに1ヶ月に限り利用延長することができる。この施設においては、入所者の就労は予定されていない。

自立支援センターは、原則として緊急一時保護センターでのアセスメントの結果、自立支援センターを利用することで就労自立が見込まれるとされた利用者を対象に、生活支援、就労支援、社会生活支援などを行うとされている。利用期間は原則2ヶ月で、最大2ヶ月まで延長することが制度上可能となっている。

自立支援システムが導入された当初から、「ホームレス」に対する生活保護の適用にあたって、自立支援システムの利用が優先されて、その利用に誘導されてしまい生活保護の適用が妨げられるという懸念があった。現に、そのような取扱いをする福祉事務所も散見された。しかし、08年6月20日の福島みずほ参議院議員の質問に対する総理大臣答弁により、自立支援システムの提供するサービスは生活保護法4条1項の「その他あらゆるもの」にも同条2項の「他の法律に定める扶助」にも該当しないことが国（厚労省）の見解としても明らかになった。

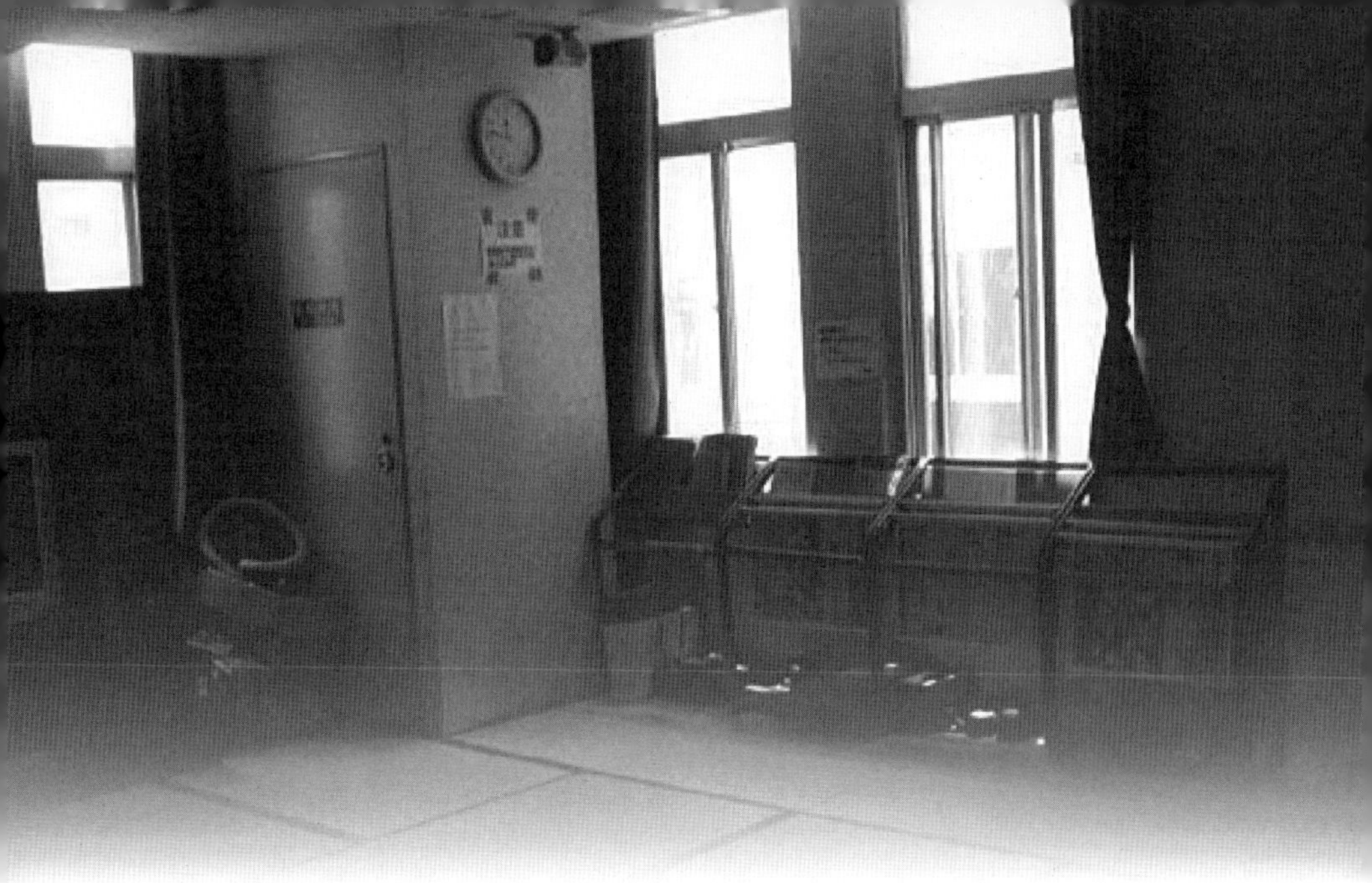

自立支援システムの利用が生活保護法4条1項の「その他あらゆるもの」にも同条2項の「他の法律に定める扶助」にも該当しないとされる根拠は、自立支援システムにおいて提供されるサービスが最低生活を充たすものではなく、生活保護制度の利用による最低生活保障施策の代替にはならない点にある。

具体的には、自立支援システムにおいて提供される施設は、プライバシーのない大部屋であり、生活費もタバコ代程度しか与えられず、憲法25条が保障する最低生活を充たすものとは到底いえない。また、自立支援システムにおいては、選択の余地がなく一律に緊急一時保護センターなどの施設入所を前提としている点でも居宅保護を原則とする生活保護制度の代替とはなりえない。

これにより、生活保護を申請する意思が明らかなものについては、自立支援システムが利用可能であることを理由に生活保護申請を却下することは許されないことが明らかになった（はずであった）。

しかし、新宿区は、自立支援システムの利用を拒否した事実を稼働能力活用要件の判断にあたり考慮することは許されると主張し、東京地裁も仮の義務づけ却下決定において新宿区の主張を認めている。

「……自立支援センターの提供する就労支援のサービスは、生活保護法4条

1項の『能力』の活用がされているか否かの判断に当たっての考慮事情の一つとして勘案されているものであり、それ自体を同項の『その他あらゆるもの』又は同条2項の『他の法律に定める扶助』の一つとしてとらえているものではないから、同条1項の解釈として『能力』の活用に係る補足性の要件の判断に当たりこれを勘案することが許されないと解すべき理由はない。申立人がその稼働能力を活用する機会を得ることの可否は、本人がその意思をもってその機会を得る真摯な努力をした場合における客観的な蓋然性として検討すべきものと解されるところ、ホームレスの自立の支援等に関する特別措置法の下で東京都と特別区の共同事業として自立支援センターの提供する就労支援サービスが現に実施され、これを利用すれば実際に就労の機会を得られる可能性があり、現に申立人自身がその利用によって直近に生計を維持するに足りる就労の機会を得ている以上、稼働能力の活用がされているか否かを判断するに当たり、そのサービスが利用できることを上記の考慮事情の一つとして勘案することが妨げられるべき理由はない」。

しかし、このような解釈が通用することになれば、自立支援システムの利用を拒否したという事実を理由に稼働能力活用要件を満たさないと判断されることが正当化されてしまうことになる。これは、事実上、自立支援システムを生活保護に優先する「他法他施策」として位置づけることにつながり、前述の総理大臣答弁に真っ向から反する。

裁判所は「考慮事情のひとつ」としているにすぎないということを強調することによって、自立支援システムを利用可能な事実「のみをもって」稼働能力活用要件を否定していないとして、上記大臣答弁との齟齬を回避しているのかもしれないが、このような説明は詭弁でしかない。

◉「ホームレス」と稼働能力活用

本件は、表向きは稼働能力不活用による却下処分であるが、その実態は「ホームレス」に対する差別的運用にある。

したがって、本来であれば、稼働能力活用要件について議論するまでもなく本件却下処分は違法と判断されるべきである。

もっとも、林訴訟においても深刻に争われたように稼働年齢層にあるホームレス状態にある者が生活保護申請をした場合、現実には、稼働能力活用要件を盾に生活保護の適用が拒まれることが少なくない。

訴訟においては、山田さんが稼働能力活用要件を当然に充足していたことについても確認的に主張、立証している。

山田さんは、1日も早く路上生活から脱却し、生活を立て直して就職し、経済的に自立した生活を営みたいと強く願っていた。山田さんは、「働いて自立したい」からこそ、生活保護を申請して生活を立て直し、まずはアパートにおいて自立した生活を営み、そこから求職活動を行い、1日も早く仕事に就くことを希望したのである。山田さんは、「働いて」「自立するため」に生活保護を申請した、まさに法4条1項がいうところの「その利用し得る」「能力」を「活用する」者であり、生活保護申請を却下されるいわれはまったくない。

◉居宅保護原則違反

本件は、先に述べた通り、稼働能力不活用を理由として生活保護申請それ自体を却下した事件である。

しかし、事案を素直にみれば、本件却下処分は、生活保護を利用してアパートに入居したうえで生活を立て直したいと希望した山田さんに対して、それを認めず生活保護申請自体を却下したものであり、その判断の前提として山田さんにはアパート入居を認めないという福祉事務所の判断がある。

山田さんは、緊急一時保護センターなどの施設ではなく、アパートなど居宅での生活をしたいと考えて本件生活保護を申請した。これに対し、新宿区福祉事務所は、アパート等の居宅での生活保護は認められないとの誤った判断を前提に、「生活保護法第4条1項にある『稼働能力』を十分に活用しているとは判断できない」などとの理由をでっち上げて山田さんの生活保護申請自体を却下した。

このような被告の却下処分は、居宅保護の原則を規定した法30条1項本文、同法25条等の解釈、適用を誤った違法な処分である。

生活保護法において居宅保護が原則とされているのは、居住・移転の自由（憲法22条1項）等をはじめとする被保護者についての個人の自由と尊厳を保障するための当然の帰結であるというにとどまらず、居宅保護こそが、自立の助長という生活保護法の目的（法1条）の達成にあたって、もっともふさわしい保護形態であるからである。

誰もが、プライバシーが確保され安心して生活をすることができる住宅で居住する自由を有している。これは、憲法13条、憲法22条1項の自由権からの要請であると同時に、健康で文化的な最低限度の生活の営む権利を保障している憲法25条の要請でもある。

仕事から帰ってきて体を休めようとするとき、雨、風がしのげる場所であるだけでは安心して休息をとることはできない。施錠され安全が確保された空間であること、騒音、振動がない場所であること、室温が適切に保たれていること、などの物理的環境が最低限整っていなければならない。これらの住環境は、人間が人間らしく生活していくうえで最低限必要なものであり、決して、ぜいたくなものではない。

居宅保護の原則は、いわば人間としてのあたりまえの生活を保障することを定めた生活保護法上の基本原則であり、現に居宅を有していない「ホームレス」にも当然妥当する。

本件却下処分は、山田さんが「ホームレス」であることを理由に施設収容を当然の前提とする自立支援システムの利用を執ようにすすめ、それを拒否し居宅での生活保護を希望したことをもって生活保護申請を却下しているものであり居宅保護の原則にも反する違法な処分である。

◉調査義務違反、指導助言義務違反

新宿区福祉事務所は、山田さんについて稼働能力不活用を理由に申請を却下しているが、却下処分を出すときまで山田さんの稼働能力活用に関する調査は一切していなかった（調査義務違反）。

面接の場で行われたことは、相談員による「タホウタセサク」という言葉の連呼と山田さんの過去の行動を取りあげての「嘘つき」呼ばわりであった。

稼働能力不活用を理由に却下するのであれば、稼働能力活用要件を基礎づける事実について福祉事務所は調査権限を行使して十分に調査を尽くすべきである。かかる調査義務は、保護の実施機関としての福祉事務所に課せられた法的義務である。

また、仮に百歩譲って、山田さんが稼働能力活用要件を充たしていなかったとしても、その場合、福祉事務所は却下処分をする前に適切な指導、助言をすべきであったが、適切な指導、助言もまったくなされていない（指導、助言義務違反）。

本件却下処分は、実体面のみならず手続的にも違法であるとの評価を免れないものである。

4 おわりに――自立支援システムと生活保護

ホームレス状態にある人びとに対する支援施策としての自立支援システムが制度として存在する以上、「ホームレス」に対しては自立支援システムを優先的に利用させるべきだと考える人もいるかもしれない。

しかし、自立支援システムはその制度上も実態においても、生活保護による最低生活保障を代替するものではない。そうであれば、ホームレス状態にある人が生活保護を求めて申請した場合は、当然に生活保護が開始されなければならない。

ホームレス自立支援法制定時における衆議院厚生労働委員会の付帯決議においても「6　本法による自立支援策と生活保護法の運用との密接な連携に配慮し、不当に生活保護が不適用とされることのないよう、適切な運用に努めること」と注意喚起をしているところでもある。

「ホームレス」に対する差別、偏見は福祉事務所に限らず広く社会にも浸透しているようにも思われる。

「ホームレス」だからといって、生活保護制度から排除されない社会にしていくためにも新宿七夕訴訟を通じて福祉行政を改めさせていかなければならないと考えている。

第4章　住民票訴訟

市民社会からの排除

「勝訴判決を受けても、『やったぞ』という気持ちはなかった。むしろ、その逆。……『困ったな』というかんじ。……野宿生活当事者からみれば公園が住所として認められたからといって大きな利点はなかったのだ。公園に住めということかと。」

第一審勝訴判決を受けての山内さんの言葉

当事者の視点

公園に住みたいわけではない

原告　山内　勇志

1 公園での生活

◉200万円の大当たり

私は、公園での生活をはじめるまでは、複数のパチンコ屋で住み込みの仕事をしていた。48歳くらいのとき、たまたま購入した宝くじが当たって、200万円ほどのお金が手に入った。とつじょ、大金を手にすることになり、働いて税金を納めるのがバカらしくなったというのが正直なところだった。生まれたときから生きる意味が見出せず、仕事も転々とするという生活を続けていたから、手持ちのお金が底を尽きたらこのまま死んでもいい、いや、自殺してしまおうという気持ちになり、仕事を辞めることにした。

◉失業・自殺

その後、半年くらいでそのお金は尽きることになった。仕事を辞めていたので収入はなく、自殺を試みた。いろいろな方法で自殺を試みた。だが、全部やりきれなかった。自殺で亡くなったかたの気持ちは確かめようがないが、私の経験からは、「自殺しようと思っているうちは、自殺はできない」ということを痛感することになった。自殺した人は自らの意思で自殺行為に及んだように見えるが、おそらくその時点ではすでに自殺をしようなどという意思はなく、どこかに飛び込むのであれば、無意識のうちに飛び込んでいるのではないか。自殺しようと思って飛び込んでいけるものではない。そのことに気づいたとき、無意識のうちでは自分が生きようとしているということがわかったのだ。

しかし、それでもまだ生きる気にはなれなかった。行動して死ねないのなら、何もせずに死のうと思った。餓死してやろうと。そこで、はじめて扇町公園に行ってダンボールに包まって23日間何も食べなかった。23日という期間は、当時、90kg近くあった私から40kg近い体重を奪ったが、もともと蓄えがあったため、死ぬことはできなかった。

聞いた話では、イギリスで餓死するために木の上に小屋を建ててそこで25日間何も食べなかった人が餓死したという。あと2日我慢していたら餓死できたかもしれないと今でも考えることはあるが、餓死というのも大変で、空腹感には波があり、1回目、2回目の空腹は我慢できるが、3回目ぐらいから空腹という感覚を越え、身体が痛くなる。胃液で胃がやられるように痛くてしょうがなくなる。それでも3、4回は水を飲んでしのいだが、5回目はさすがに「これはあかんわ。死ぬわ」と思った。死のうと考えていたわけであるから、それでよかったわけだが、やはりすくなくとも無意識のうちには、生きようとしていたのだろう。

◉遅いクリスマスプレゼント

空腹による痛みに耐えられなくなった私は、普通の野宿の人みたいに、飲食店のゴミ箱を探し歩いた。そうしたら、クリスマスケーキがみつかった。正月もすぎ、すでに1月15日をむかえていたのに、12月25日のケーキがそのまま置いてあった。折しも寒波の時期だったので、冷蔵庫の役割を自然と果たしていたのだろう。それを食べることで、1週間程度生きのびることができた。それから野宿生活をすることになった。

◉テント生活のはじまり

野宿生活をはじめて1年ぐらい経過したとき、野宿をしていた公園事務所の職員に扇町公園の工事という名目で退去勧告を受けた。抵抗する気はなかった。そのようなとき、釜ヶ崎パトロール（以下、「釜パト」という）とその仲間たちが、「移動してテントを張るので一緒に住みませんか」と声をかけてくれた。餓死しようと思って野宿生活をはじめたので、そのときまで周りの人との交流は一切なかった。その後も、死にたいけれど死ねないという日々が続いていた。夜中は寒くて動き回っていたが、日中はほぼ寝たきり状態。ここに誰かいるはずだが、見たことがない。そのような存在だったと思う。

◉バブル景気の余波と野宿生活者の急増

私が野宿生活をしていた98年ころは、幸か不幸かバブルがはじけたといっても、まだみんなお金を持っていた。とくに、大阪の歓楽街である北新地が近いということもあり、食べ残しというのではなく、ホステスが客から貢がれた未開封の弁当などがそのまま捨てられていた。それに当時は、コンビニも「えさ」といって売れ残りの弁当などを外においておいてくれた。昼間は動くことがなかったので、1食で十分生きていくことができた。99年ころまではそれで十分生きていけた。しかし、次第に野宿生活者が増え出し、いわゆる「えさとりの競争」などが起こりはじめ、飲食店も困るようになっていた。そのうちに、コンビニなども売れ残りの食べ物を出さないようになっていったのだ。私は、そのころには釜パトに入っていたため食うに困ることはなかったのだが……。

2 住民票の移動

◉きっかけは東アジア交流会

野宿生活をはじめてからも、住民票の住所は最後に勤めていたパチンコ屋においていた。釜パトと、今はすっかり有名になった東京の湯浅誠氏などが中心になって、野宿生活者の東アジア交流会が計画された。海外の大きなＮＰＯから巨額の資金援助を得て、日本と韓国、香港の野宿生活者が韓国、香港に会することになったのだ。そこに、日本からは野宿生活者が3名、支援者が7名参加するということになった。パスポートを作る必要があるため住所を有している必要があった。東京から、住所のある野宿生活者が2名はみつかったが、大阪からも1名は参加する必要があった。だが、大阪で住所を有している人がいなかった。そのとき、たまたま私は住民票の住所を移しておらず、その住所がわかったため、それを支援者の家に移した。のちに、これが問題とされたわけだ。

◉目的は釜パトの弾圧？

その支援者の家に、33名も住んでいる。公安警察が釜パトを敵視していたこともあってか、小さな家に30数名も住めるわけがないということで、住民票を置いている私が主犯、その支援者が共犯（幇助罪）ということで逮捕勾留。主犯と共犯ということであれば、当然に主犯のほうが悪いと考えるべきだろうが、警察が叩きたいのは、共犯とされる支援者。私は、事情聴取というかたちで帰され、その支援者は23日間の勾留。釜パトを潰す目的での逮捕勾留だったということは誰の目にも明らかだった。

◉矛盾に満ちた公安警察

その事情聴取のさい、私と取調警察官とのやりとりは以下の通りだった。

山　内「この住所、どないしたらええねん」
警察官「おまえ、野宿をやってるんやから住所はいごかせんやろう」
山　内「いごかせません」
警察官「ほな、今度、別のとこいごかしたら、そのときはホンマに捕まえるぞ」

つまり、今後、住民票を移動させたら逮捕すると言われたわけだ。このことからは、「住民票を移動させるな」と解釈するのがふつうではないだろうか。

しかし、その舌の根が乾かないうちに、大阪市の職員がやって来て「住所を削除します」と言い出した。理由を問うたところ、警察が釜パトの支援者に対して「住民票を全部削除せえ」と求めたが、「そんなもん、できるか。絶対にせえへん」と拒絶したので、役所に行って、「こいつの家にいる奴をみんな削除せえ」と。そこで、削除するということになったという。何らかの調査をして、役所の職員が指導に来るのであればまだしも、警察に協力を求められ、「はい、そうですか」では筋がとおらない。

◉公園を住所に

職　員「あなたは、そこに住んでるんですか」
山　内「いや、確かに俺はそこに住んでない」
職　員「では、削除しますよ」

山内「いや、削除されたら困る。住所なくなったらどないするねん」
職員「いや、住所がなくなっても、現に住んでおられないというから住所をなくす。しょうがないことです」
山内「住所をなくさんようにするにはどないしたらええねん」
職員「今、住んでいるところやったらいいんですけど」
山内「俺が住んでいるのは公園やけどええんか」
職員「……」

このような経緯で、「住所を公園にする」と言ったわけである。それから、「いや、公園に住所なんて……」という職員に対して、「いやいや、俺は申請する」と言って申請し、「却下する」というくり返し。
今の住所を喪失させずにすませるためにはどうすればいいのか。裁判を起こせば、今の住所は証拠になり、その期間中は消すことはできないのではないか。このような考えに基づき、永嶋靖久弁護士に代理人をお願いすることになった。永嶋弁護士も「勝てる可能性は低いかもしれない。でも、こんなことやった人はいないから、やる値打ちはあるやろう」と裁判は本格化していった。

◉公園に住所がほしかったわけではない

住所は現に住んでいるところ。私は現に公園に住んでいる。だとすれば、住所は公園だ。大阪市の言い分を論理的に考えれば、住所として公園を認めさせるというのは突飛な考え方とはいえない。しかし、これをあたりまえのことだとは思っていなかった。公園で住所がとれるとは……。たんに警察から頼まれたから住所を職権で消除するというのは理不尽ではないか。大阪市の職員がその仕事として、「この家に33名も住めるわけがない。実態のない住所は認められない」ということであればこのような抵抗の仕方はしなかった。一時期、100名近くの人が住所を置いていたこともあったが、そのときさえ何も言ってこなかった行政が、警察に頼まれたからといってあわてて消除する。これは納得できない。この国には法律はないのか。そう思ったわけです。本当に住所がほしかったわけではない。公園に家を建ててくれて住めるということならほしいと思うでしょうが、そうでないのであれば、公園に住所を認められても私たちの生活は変わらない。

3 裁判

◉戸惑いの勝訴

おおかたの予想を裏切り、第一審の裁判に勝ってしまった。公園が住所として認められるとなれば、マスコミも黙ってはいない。興味半分におもしろおかしくさわぎたてる。具体的な嫌がらせのようなことまではなかったが、相当世間の目は厳しかった。テレビをつければ、どこの局も同じような論調。私の知りうる限りにおいて好意的な報道は皆無だった。負ければニュースにもならなかったような事件で勝ってしまったのだから。

第一審判決のときは、裁判官が理由を読みあげる。「公園に住んでいる証拠がたしかにある。住んでいる証拠があるのであれば、住所は認めなければならない。だが、それはそこに住んでいいと言っているわけではない」といった趣旨のことを。当然だと思う。

勝訴判決を受けても、「やったぞ」という気持ちはなかった。むしろ、その逆。警察の横暴を認めたくなかっただけだったので、「困ったな」というかんじ。永嶋弁護士や支援者は喜んでくれ、公園を住所にすることができることが運動論的にもすごくいいことのようにかんじたのではないかと思う。しかし、野宿生活当事者からみれば公園が住所として認められたからといって大きな利点はなかったのだ。公園に住めということかと。「住所として認められればそこに住める」というようなマスコミの論調、それを受けての世間の眼差しが痛かった。夏の暑さ、冬の寒さ、さらには虫……。2、3日であれば楽しいかもしれないが、公園に10年住んでそう思える人間はいないのではないか。

◉住民票がないと不便?

住民票がないと不便だということは、裁判をはじめてみてはじめてわかった。私は、数十のパチンコ屋を転々としながら23年間働いていたが、その間一度も住民票を移動させたことはなかった。たまたま病院に行かなければならないような怪我をしたとき、保険証を作る必要が生じた。そのとき、あわてて住所を探したくらいである。何とか探しあてて、役所で住民票の移動を申し出たところ、職員に「23年間も放ったらかしとったらえらいことになりますから。法律上はものすごいことになるんですよ。1年間だけおいていたことにしますから、それでやってください」と言って、それで処理をしてもらった。

ただ、現実には住所がなくなったらとんでもないことになる。この国では住所がないということは、何の権利もないということを意味しているということもわかった。人間として一切認めないというような。一時期話題になった、定額給付金も野宿生活者はもらえていない。困っている人を救済するために一定額を給付するという名目にもかかわらず、一番困っている野宿生活者は、住所がないためにもらえない。公園から立退きを迫るときには、一軒一軒たずね歩くのに、こういうときは一切しない。このことが不思議でならない。

◉「健全な社会通念」

控訴審は逆転敗訴判決だった。裁判長はその理由を読みあげることもしなかった。こちらの主張に論理的不備があるのであれば、はっきり指摘すればいい。だが、一言もなかった。「言えないような恥ずかしい理由なのか」そう思わざるをえなかった。

後日、手に入れた判決文には唖然とさせられた。「健全な社会通念」に反するということだった。そもそも「社会通念」とはいかなる意味か。私は、「善悪の区別なくみんながこう思っている」「そういうふうに言われている」ということだと考えた。

しかし、「健全な」というのはいかなる意味かが理解できない。なにが健全かということを誰が決めることができるのか。本控訴審判決のように、「健全な社会通念」を裁判所が決めていいということになれば、裁判所が言うことがすべて正義であるかのようになってしまうのではないか。「健全な社会通念」によって判断されるのであれば、法律など必要ないのではないか。このような思いが、上告理由の根底にはあった。

◉日本に憲法はないのか

第一審判決では、法解釈上、公園を住所として認めるべきだという判決が出た。それを控訴審では、健全な社会通念上は認めるべきではないとした。これを受けて最高裁が下した判断は、

本件上告を棄却する。
上告費用は上告人の負担とする。

というわずか2行だったの決定だった。

最高裁判所は、控訴審までの判決に憲法違反、判例違反、重大な法令違反があるか否かを判断する機関であり、

事実関係についての審理は行わないという。自らは判断しない。司法の番人たる最高裁が下した決定は、「健全な社会通念」を是認するものだったのだ。

4 訴訟支援の状況

◉公園に手紙を

本件係争中、さまざまな人たちからの支援を受けた。最も大きな運動は、世界中の人たちから公園の住所に私宛の手紙を送ってもらうというもの。「公園の住所で僕に手紙を出してください」というお願いをして、１０００通ぐらいきた。日本だけでなく、世界中から。いみじくも、公園の住所で私に手紙が届くということが証明されたわけである。

この点、控訴審判決は、郵便局は住所が書いてあればそこへ郵便物を持って行くが、それを認めているわけではないとの判断をした。それはそのとおりだが、郵便局の職員は、そこに人間が住んでいると認めているから配達したという前提を見逃してはならない。

◉支援者との出会い

野宿生活者への支援活動が活発化しはじめたのは、95年のいわゆる道頓堀「ホームレス」襲撃事件以降だと記憶している。学生運動に熱心だった年代の人たちが中心になって手探りの支援活動をはじめていった。次第に、弁護士なども加わるようになり、運動は大きくなっていったのだ。本件代理人の永嶋弁護士とも釜パトを通じて知り合った。

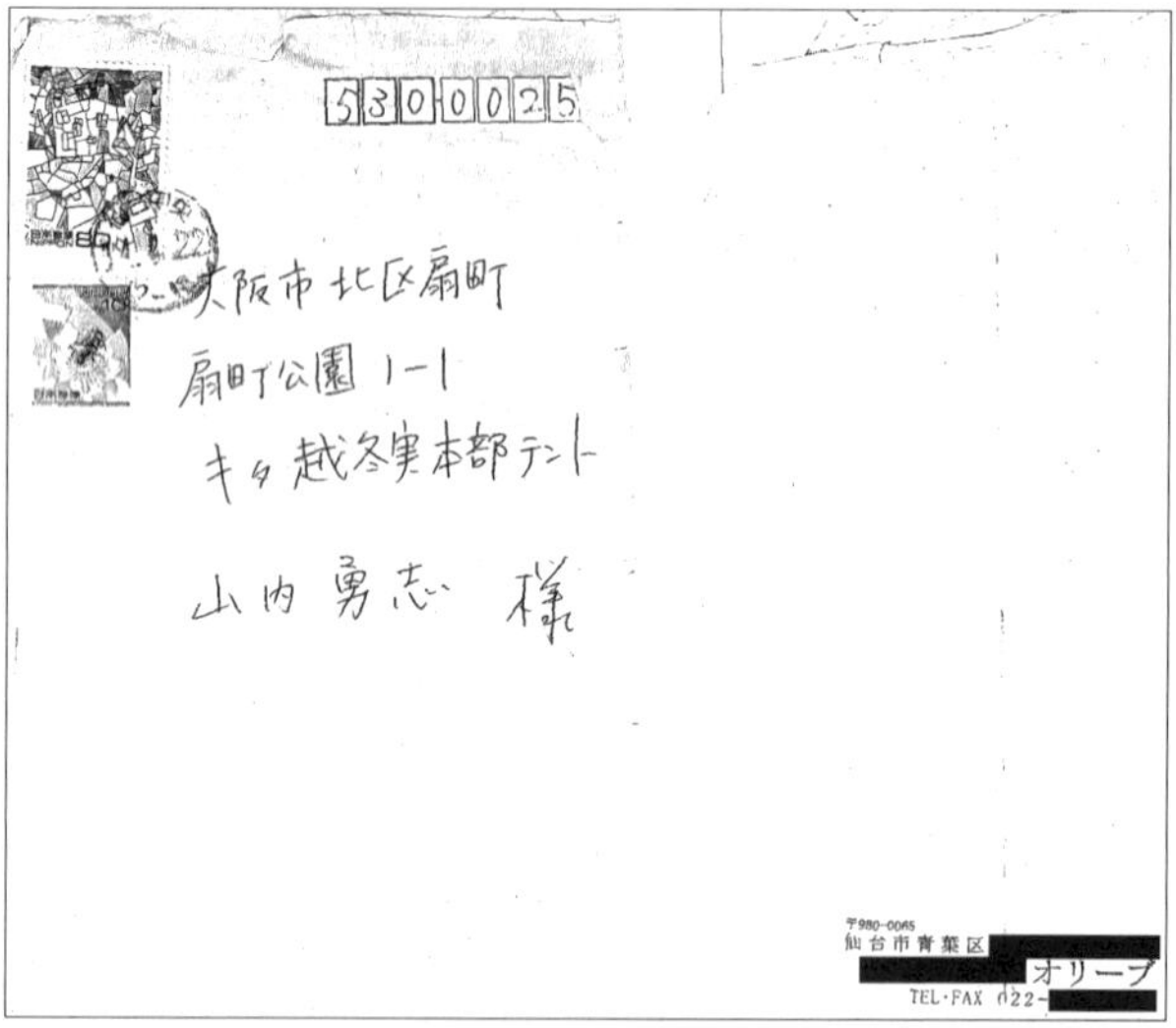

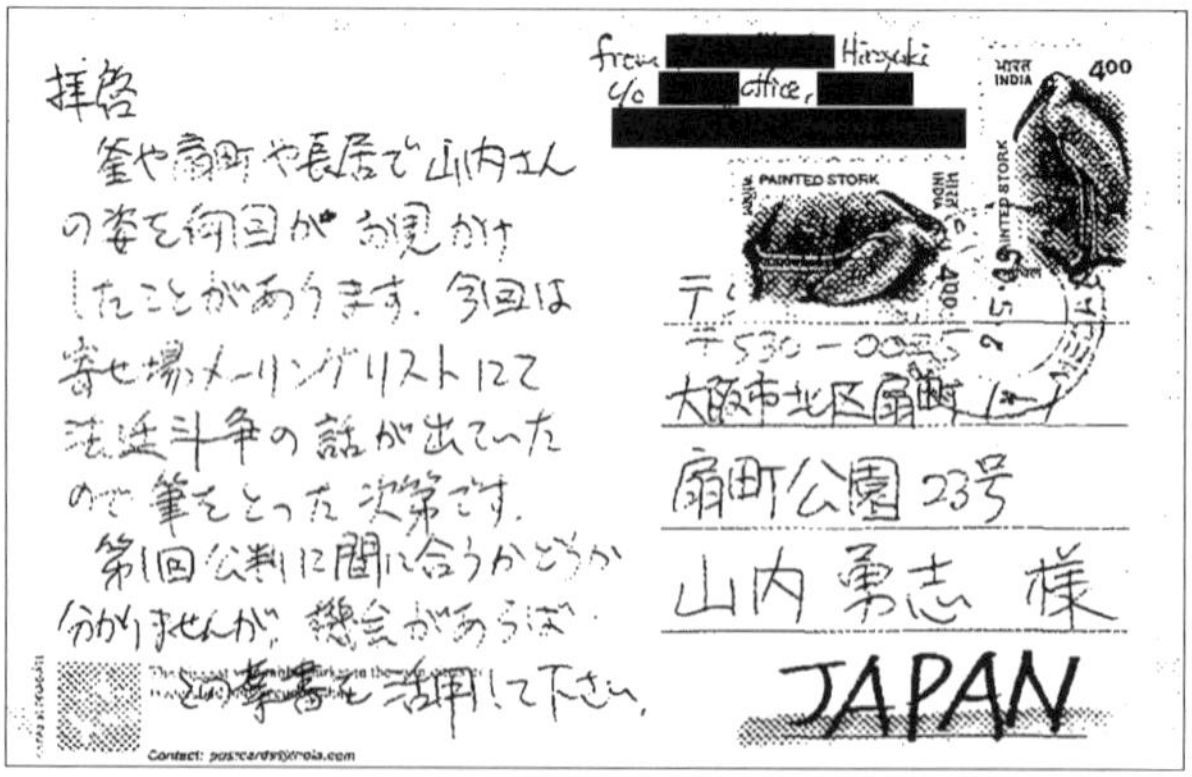

遠方や海外からも公園の「住所」に手紙が届いた

最初は、「1年半くらいこの裁判を続けることに意義がある」「このような野宿生活者が居るということを知ってもらうということに意義がある」と考えていた。本来的には、きちんと「屋根のある家」に住所があるのがいいということは言うまでもないことだ。

◉現在の暮らし

現在は、生活保護を受けながらアパートで暮らしている。「屋根のある家」に住んで、病院にも行って治療を受けたりもしている。野宿生活をしているときは、病院になんて行くことができなかったからであるが、逆に不健康になったようにかんじるのは皮肉な現実である。

◉この国の行く末

テントにしても1軒建ったときに大阪市の職員が調査に来て「それやったら、こういうところの施設がありまし、もしあれやったら生活保護を受けて」と対処していればテントが乱立することはなかったはずだ。1軒もテントが建っていないところにテントを建てるというのは、ものすごく度胸がいることだから。

実際には、多くのテントがある。だから後を追うようにテントを建てる。アッという間に増えるという悪循環。そうではなく、1軒のテントが建つ前に、テントを潰すのではなく、テントを建てようとする人たちを助けようとすれば、このような苦労をすることなかったのではないかと思う。最初にテントを建てた人に適切な支援をしていれば、その彼は社会復帰して税金を納めていたかもしれない。そのように考えて良い循環を作っていくことができればもっと生きやすくなっていたのではないか。最初に行政が手を抜いたつけがまわってきている。この仮説はあながち外れてはいないだろう。

今の時代、働きたくても働けない人であふれている。失業率は高水準を保っている。20代の生活保護受給者もたくさんいる。年寄りが彼らから仕事を奪ってもいいのかという気持ちもある。それでも、働きたいと思って面接に行く。しかし、けんもほろろの対応。野宿生活者にもプライドはある。次から次へと切られたら、求職活動への意識すら薄れてしまう。そのような事実に目をそむけてマニュアルどおりに応対されたら、次の一歩は踏み出せない。冷静に考えればわかることだ。

野宿生活者になりたくてなる人はほとんどいない。野宿生活に至るまでには、それぞれそれ相応の理由がある。どのような理由であってもこの国で生きている人たちを野宿させていいわけがない。この国の仲間が汗水たらして働いたお金を税金として納める。そのお金を使ってセーフティーネットを構築する。それが福祉国家たるこの国のあり方ではないだろうか。

＊ 本稿は、09年11月12日に木原法律事務所にて、掛川直之〔龍谷大学大学院〕が、山内さんからの聞き取り調査を行った成果をまとめたものである。

法律家の視点

公園を住所に

弁護士　永嶋　靖久

1 裁判はなぜ起こされたのか

◉山内さんの住民登録と不当な弾圧の経過

原告山内勇志さんは、99年頃から、大阪市北区の扇町公園で段ボールハウスを作って居住していた。00年3月頃からは、扇町通りに面した扇町公園南西隅（住居表示は、「大阪市北区扇町1丁目1番扇町公園23号」）の約30のテント群のなかにテントを設置し、そこを、起居寝食の場所とするようになり、後記の本件転居届不受理処分の当時も、そこに居住していた。

山内さんは、01年2月、以前の勤め先の社員寮に置いたままにしていた住民票を、野宿者支援グループの一人である知人の家に移した。

その支援者宅には、山内さん以外にも数名の野宿者が住民登録をしていた（住民票のない不利益を回避するため、野宿者が支援者や友人方に住民登録をすることは広く行われている）。ところが、04年2月、山内さん他数名が支援者宅で住民登録していたことを理由に、大阪府警がその支援者を電磁的公正証書原本不実記録幇助で逮捕した（なお、住民登録をしていた野宿者側に逮捕者は一人もなかった）。

私は、この事件の刑事弁護人だった。その支援者は処分保留で釈放され、その後、不起訴になったが、釈放から不起訴までの間、検察官は、くり返し、その支援者に対し、「この（違法状態が解消されない）ままでは起訴せざるをえない」「起訴されたくなければ、住民票を置いている野宿者全員の住民登録を転出させるしかない」と言い続けた（警察官は山内さんには「住民票を動かすな」と言っていたようだが）。

これに対する支援グループの対応は、当事者が野宿を余儀なくされているままで、いったいどこに住民票を移せばよいのか、というものであった（「いったいどこに住民票を移せっちゅうねん」と山内さんは言う）。その時点では、誰も、扇町公園を住民登録地とすることができる、あるいはしようと考えてはいなかった。

◉北区長による職権消除と審査請求

以上の経過のなかで、大阪市北区長が、突然、山内さんに、住民登録を職権消除すると通知してきた。放っておけば、山内さんの住民登録がどこにもなくなってしまう。扇町公園に住みながら、支援者宅に住民票を置いて、年金を受け取っている野宿者もいた。

このため、山内さんは支援グループと話し合って、やむなく、04年3月30日、客観的事実の通りに大阪市北区扇町1丁目1番扇町公園23号への転入届を北区長に提出した。しかし、北区長は、同年4月20日、山内さんに対して、この転居届の不受理を通知した。

山内さんは、同年6月10日、行政不服審査法に基づき大阪市長に対して、本件処分に対する審査請求を行ったが、12月27日、大阪市長は、上記審査請求を棄却した。このため、山内さんは北区長に対して、「平成16年4月20日付け住民票転居届不受理処分の取り消し」を求めて訴訟を提起したのである。

◉裁判を余儀なくさせたもの

山内さんが裁判を起こさざるをえなかった直接のきっかけを作ったのは、第1に令状裁判官である。毎年、大阪だけでも必ず数件ある、逮捕勾留はされるが絶対に起訴はされないという、電磁的公正証書原本不実記録（しかも幇助）などという被疑事実の令状請求に令状裁判官は疑問を感じなかったのか。

第2に職権消除を通知してきた北区長である。北区長は、職権消除された後、山内さんがどうすると思っていたのか（山内さんが第一審で勝訴したとき、このような提訴に至った経過は、新聞・テレビではまったく報道されなかった。支援者逮捕時に、「過激派がホームレスの虚偽住民登録に手を貸して資金稼ぎをしている」という報道をした新聞はあったのに）。

しかし、提訴当時は明確に意識されていなかったが、山内さんとその支援者を裁判に踏みきらせたのは、より根本的には、住民登録の職権消除によって奪われる権利の大きさだった。

2 裁判はどのように進んだのか

◉裁判の争点

山内さんが起居するテントの所在地が住民基本台帳法にいう住所にあたるか否か。これが、裁判の唯一の争点だった。第一審の裁判所は、第1回口頭弁論期日で、原告・被告双方に対して、何をもって住所とするかは、裁判例・行政実例ではっきりしているのでそれに従って主張立証されたい、と促した。

◉双方の主張

山内さんが、扇町公園23号を、現に起居寝食の場所としていると主張したのに対して、北区長は「テントのような設置や撤去が容易な簡易工作物は、一時滞在用で定着性がないものであるから、社会通念に照らせば、テント等での生活をもって客観的居住の事実があると認めることはできず、まして、公共利用に供する土地の上に何らの権限もなくテントが設置されている場合は、同テントは除却命令の対象となるなど民有地に設置されている場合と比べてより一層不安定な状態であり、社会通念上定着性があるとは認められないのであり、被告は、本件テントを含む扇町公園のテントについては撤去に向けた努力を行っており、扇町公園整備計画等により、占有権限のないテントはいずれは撤去されるのであるから、本件テントの土地に対する定着性は極めて不安定である」などと主張した。

◉双方の立証

山内さんは、自らの居住状況を表す写真と、数年前から保管していた「扇町公園23号 山内さん」宛の多数の葉書・封書、そして本人尋問で、山内さんの居住の実態を立証した。さらに、山内さんが居住する建物及び山内さんの生活の現況を明らかにするために、扇町公園内の山内さんが生活している建物の検証と、野宿をもって生活の本拠と評価するしかない多数の野宿者が存在する事実を立証するために、大阪市内の野宿生活者についてフィールドワークを行った研究者の証人申請を行ったが、これらはいずれも必要がないとして採用されなかった。

北区長は、山内さんの住居が占有権原のないテントであるという主張にあわせて、大阪市の野宿者支援措置の充実を言うとともに、自立支援センター等の活用により、住民登録が可能である、あるいは扇町公園内で住民登録を受けられなくても何ら不利益はないなどと主張した。

これに対しては、山内さんは、シェルターが自立支援策としては機能していないという主張立証とともに、「住所」または「住民票」がない不利益について次のように主張した。憲法15条が保障する選挙権（の行使）が否定され（公職選挙法9条）、国民年金の被保険者となることができず（国民年金法9条）、国民健康保険の被保険者（国民健康保険法5条）となることができず、これによって憲法25条が保障する生存権が否定される。運転免許を受けることができず（道路交通法89条）、旅券の発給を受けることができず（旅券法3条3項）、住民票も国民健康被保険者証も運転免許も旅券もないことにより、金融機関等と預金又は貯金の受入れを内容とする契約の締結その他の政令で定める取引を行うことができず（金融機関等による顧客等の本人確認等及び預金口座等の不正な利用の防止に関する法律3条及び同施行規則3条）、携帯電話を購入することもできない（携帯音声通信事業者による契約者等の本人確認等及び携帯音声通信役務の不正な利用の防止に関する法律5条および同施行規則5条）。結局、「住所」または「住民票」がないことによって、さまざまな法的利益の享受が著しく妨げられるだけでなく、社会生活を送る前提としての本人確認の一切の手段が奪われる。これは、現代日本では、社会生活を送ることが否定されるに等しい。

3 判決はどのようなものだったのか

◉大阪地裁判決

5回の弁論を経て、第一審判決に至った。原告本人尋問の際には、裁判長から、「テントの杭は何本ですか」という質問があって、杭の数不足で負けるのかと思ったりもしたが、06年1月27日言い渡された一審判決は、次のような内容で、原告の請求を認容した（判決の主文は、「被告が原告に対し平成16年4月20日付けでした住民票転居届不受理処分を取り消す」というものである）。

第一審判決は、山内さんの居住の実態につき、詳細に事実を認定したうえで（判決中には、「本件テントは、その四隅に杭が打ち込まれ、地面に固定されている」という文章などもあった）、これら認定事実を併せ考えると、「本件テントの所在地について原告が公園管理者である大阪市から都市公園法６条所定の占用許可を受けた事実を認めるに足りる証拠がなく、原告が同所在地について占有権原を有するものとは認められないとしても、同所在地は、客観的にみて、原告の生活に最も関係の深い一般的生活、全生活の中心として、生活の本拠たる実体を具備しているものと認められる」とした。

そのうえで、

「住民基本台帳に関する法令の規定及びその趣旨によれば、住民基本台帳は、これに住民の居住関係の事実と合致した正確な記録をすることによって、住民の居住関係の公証、選挙人名籍の登録その他の住民に関する事務の処理の基礎とするものであるから、市町村長は、法の適用が除外される者以外の者から法23条の規定よる転居届があった場合には、その者に当該市町村の区域内において住所を変更した事実があれば、法定の届出事項以外の事由を理由として転居届を受理しないことは許されないというべきである。しかるところ、前記のとおり、法にいう住所とは、生活の本拠を指すものであるから、転居届に住所として記載された場所が客観的に当該届出をする者の生活の本拠たる実体を具備していると認められる限り、市町村長は、当該転居届を受理しなければならない」

として、北区長の主張を排斥し、

「本件テントの所在地は、客観的にみて、原告の生活に最も関係の深い一般的生活、全生活の中心として、生活の本拠たる実体を具備しているものと認められるのであり、そうである限り、被告は、本件テントの所在地を住所とする本件転居届を原告が当該所在地について占用許可を受けておらず占有権原を有していないことを理由として受理しないことは許されないものというべきである」

として、原告の請求を認容した。

◉大阪地裁判決後の反響

裁判での北区長の反論は、「定着性の不安定」という表現で、結局は山内さんに占有権原がないという主張だけだったから、山内さんの起居寝食の事実に争いがない以上、大阪地裁判決は、裁判例・行政実例に照らせば、当然の結論のはずだった。

しかし、判決の時期が、靫公園・大阪城公園における行政代執行と重なったこともあり、本件判決は、「テントが住所、ホームレス勝訴」などとして、マスコミで大きく報道されることとなった。大阪市長は、本件の第一審判決直前、06年1月13日付けで、山内さんの居住する扇町公園とは別の靭公園内及び大阪城公園内の各テント・工作物などを同月17日午後1時までに除却するよう命令していた。そして、本件第一審判決の言渡し直後の1月30日には行政代執行がなされたのである。

マスコミの一部には、先述したような山内さんの本件提訴に至る経緯を報道しないまま、あたかも山内さんが占有権限を求めて訴訟を提起したかのように、あるいは、本件判決が占有権原を認めたものであるかのようにいう混乱もみられた。また、大阪市や北区長からも、山内さんや判決を非難する同様の言動があったようである。

しかし、先述した通り、本件は、山内さんが行政に強いられてやむなく提起した訴訟であった。公園に野宿せざるを得ず、また、住民登録がないと社会生活上の重大な不利益を被るにもかかわらず、北区長が従前の住民登録の職権消除をあえて行おうとする以上、山内さんは、公園での住民登録を求めるしかなかった。そして、第一審判決は、公園における山内さんの占有権原を認めたものではない。「公園に定住する野宿者」がいる事実を事実として認めたに過ぎない本件判決に、あれほど大きなマスコミの反響があったこと自体、野宿者に対する差別と偏見の根深さを表しているように思われた。

北区長は、行政代執行と同日の1月30日、本件第一審判決に対して控訴した。

◉ 大阪高裁判決

大阪高裁における北区長側の立証は、第一審判決に対する新聞記事・社説・コラムと市役所に寄せられた市民からのメールなどであった。07年１月23日、大阪高裁は、原判決を取消し、請求を棄却した。理由は、本件テントにおける被控訴人の生活の形態は、同所において継続的に日常生活が営まれているということはできるものの、それ以上に、健全な社会通念に基礎付けられた住所としての定型性を具備していると評価することはできないものというべきであるから、未だ「生活の本拠としての実体」があると認めるに足りず、したがって、被控訴人が本件テントの所在地に住所を有するものということはできない、というものであった。

大阪高裁判決に対して、山内さんは、上告と上告受理の申立てを行った。

◉ 最高裁判決

最高裁は、08年９月19日、上告申立てに対してはこれを棄却、同日、上告受理申立てに対しては、上告審として受理することを決定のうえ、10月３日、

「上告人は、都市公園法に違反して、都市公園内に不法に設置されたキャンプ用テントを起居の場所とし、公園施設である水道設備等を利用して日常生活を営んでいることなど原審の適法に確定した事実関係の下においては、社会通念上、上記テントの所在地が客観的に生活の本拠としての実体を具備しているものと見ることはできない。上告人が上記テントの所在地に住所を有するものということはできないとし、本件不受理処分は適法であるとした原審の判断は、是認することができる。原判決に所論の違法はなく、論旨は採用することができない」

として上告を棄却した。

4 裁判は何を後に残したのか

◉住民登録の一斉職権消除と多数の訴訟

本件訴訟が最高裁に係属中の07年3月29日までに、これもマスコミ報道がきっかけとなって、大阪市は釜ヶ崎解放会館の所在地を住所として住民登録している2088名について、一斉職権消除した。

これに関連して、以下のような多数の訴訟が、多くは本人訴訟で次々と提起された。

職権消除処分の差止めを求める本案訴訟（行政事件訴訟法37条の4第1項）・仮の差止め訴訟（同条の5第2項）、野宿者の国政選挙・地方選挙における投票を可能にする立法措置がとられていないことが、国家賠償法上1条1項の違法となる、正当な理由のない長期の立法不作為にあたるとする国家賠償請求訴訟、あいりんセンターを住所とする住民異動届の不受理処分に対する処分の取消しを求める本案訴訟と住民登録の仮の義務づけ訴訟などである。

この内、職権消除の仮の差止め訴訟において、07年3月1日、大阪高裁は、申立認容の決定をした。その理由は、「簡易宿所を住所として支障なく住所として届出することの保証が得られているとはいえない現状において、解放会館が本来の住所でないとして消除することは信義則に反する」というものであった。

◉野宿者の参政権についての国賠請求の棄却

上記野宿者の参政権についての国賠請求に対して、大阪地裁は09年10月23日、請求を棄却した。「貧困等のために自ら住居を確保することが困難な国民が、住居を確保し、住民基本台帳への記録が可能となるための制度が整備されつつある」などと述べたうえで、「住所を有しない国民の選挙権又はその行使を現実的に可能にするための措置については、立法過程における国会議員の政治的判断にゆだねられるべき事項であって、原告らが主張する制度を設けるなどの立法措置を執ることが必要不可欠であるということも、それが明白であるということもできない」とするものであった。

◉裁判が後に残したもの

山内さんの裁判は、当事者や支援者が思った以上に、マスコミの関心を呼んだ。行政が自立支援策を行っているのに、自分のわがままで公園に住み着く人間に権利を認めるのはおかしい、あるいは、野宿者になって住民登録できないのは自己責任だ、というような意見もあったようだ。しかし、年越し派遣村が注目を集めたのは、山内さんへの最高裁判決のわずか3ヶ月後のことだった。「野宿者」が、わがままや自己責任の問題ではなく、構造的に生み出されていることは、いまや誰の目にも明らかだろう。

山内さんが提訴した当時でも、住民票がなければ、国民年金・国民健康保険の被保険者になることができなかった。裁判を進める間に、金融機関等本人確認法や携帯電話本人確認法などという法律が次々に制定され、住民票がなければ、銀行口座を持つことも携帯電話を手に入れることもできないということになってしまった。さらに、野宿者が参政権を行使できなくても違憲ではないという判決まで出されている。野宿者となることにより、住民登録を否定されることは、現代日本では社会生活を送ることを否定されるに等しいものとなる。

山内さんの裁判は、人が野宿を余儀なくされるとき、同時にどれだけの権利を奪われることになるのか、そのことを少しは明らかにできたかもしれない。この裁判は、まさに「権利のために登録を求める」裁判であった（現代社会では、登録が管理の別名であることもまた忘れてはならないのだが）。そして、提起された問題は、まだ何も解決されていない。

第5章　靭公園・大阪城公園訴訟

強制立ち退き

「……野宿生活をしていたときは、……それだけで、人間とは扱ってもらえていないようにかんじられた……。『あんな強制立退きは絶対にする必要がなかった。みんな人の子なんだから、知恵をしぼって考えれば、なんかええ方法がみつかったはずや』。私は強くそう思っている。」

訴訟後の大和さん〔仮名〕の言葉

当事者の視点

「何かええ方法がみつかったはずや」

原告　大和　重雄〔仮名〕

1 野宿生活に至る経緯

◉学校にも行けなかった少年時代

幼少時に父を失った私は、兄と姉とともに母に育てられた。家計は苦しく、小学校5年生になったころから、近所の商店の手伝いや朝夕の新聞配達をして生活費を稼いだ。そのため、学校にはあまり通えず、当然、成績も悪く、読み書きも十分にはできない。中学校を卒業したあとは、プレス工、配管工といった仕事を転々としながらも30年以上勤めてきた。体調を崩した母をすこしでも楽にしてやりたいと思い、夜中の仕事をかけもちしていたこともある。兄姉が結婚し母が亡くなったあとは、実家で一人暮らしをしていた。

◉はじめての借金

はじめて借金をしたのは、99年。配管工をしていたときだった。生活費に困り、いわゆるサラ金業者から10万円を借り入れた。02年に職場のトラブルで退職を迫られ、ほどなく再就職したが、月に15日程度しか仕事がなく、月収も15万円程度に半減。読み書きが十分にできないことから、図面を読むこともできず、十分な収入を得る仕事にはつけなかった。生活と返済とがますます厳しくなり、借入額は50万円を超えていた。04年、さらに別のサラ金業者から30万円を借り入れ、借入額が増大した。

◉自　殺

それからほどなく、家賃も払うことができなくなり、借金の返済の目処も立たなくなったことから途方にくれ、着の身着のままに家を出て、和歌山の海水浴場で入水自殺を試みた。命を絶つ覚悟で家を出たので、日付まで正確に覚えている。04年7月15日のことだった。沖まで出たら力尽きて死ぬことができるだろうと無心で泳いだが、死ねなかった。いくら進んでも死ぬことはできなかった。死にたくないという気持ちがあったのだろう。結局、引き返すことにした。「一度死んだつもりで頑張ってみよう」。砂浜では、そのようなことを考えた。

2 公園での生活

◉野宿生活のはじまり

そのあと、日雇いの仕事を求めて釜ヶ崎をおとずれた。しかし、釜ヶ崎という街が放つあの特有の雰囲気が私に与えたものは恐怖だった。住人たちも「柄が悪い」といった印象で、とにかく怖いという感情に打ち勝つことができなかった。釜ヶ崎にはどうしてもなじめなかった私は、大阪城公園に移動した。公園のベンチで寝る野宿生活がはじまったのだ。5〜6000円の所持金を取り崩しながら、見よう見まねで空き缶拾いの仕事をはじめた。1日

300円くらいにしかならなかった。それでは食費すら十分にまかなえなかった。

◉仲間との出会い

大阪城公園にきてから1ヶ月くらいしたとき、本件の原告の1人でもある田中孝則氏さん〔仮名〕と出会った。田中さんは私より1年ほど早く野宿生活をはじめており、空き缶拾いの方法から支援団体の炊き出しの場所まで、彼から手ほどきを受けた。彼とは妙に気が合い、いまでも行動をともにする仲間だ。

◉テント生活へ

04年9月ころ、田中さんと扇町公園の炊き出しに行ったところ、のちにやはり本件原告の一人となる靱公園に住むという山下公一さん〔仮名〕と知り合った。私たちが大阪城公園で野宿生活をしていることを告げると、「靱公園にあいているテントがあるから来たらどうか」と誘われ、移住することにした。ベンチで野宿しているときには、雨風を防げないことはもちろん、人目が気になったり、寝ているときに盗難にあったり、仲間が市民や少年などから襲撃を受けたりということを耳にしていたので、安心して眠れなかった。その点、テントに入ってからはすこし安心してゆっくり寝られるようになった。

◉テントの改築

05年、1ヶ月ほどかけてテントの改築を行った。2人で住むには狭くひどく汚かったのだ。テントの改築にあたっては、自治会長をしていた山下氏が公園事務所の職員にかけあってくれて、職員が現場にきてくれた。職員は、わざわざ地面にスプレーで線を引いて範囲を示しながら「ここからここまでなら邪魔にならないからテントを広げ

行政代執行直前の大阪城公園のテント

てもいいですよ」と言ってくれた。

改築にあたっては、空き缶拾いの仕事の合間に、建築現場に行って、廃材から良いものがあれば頭を下げてわけてもらうというように材料を集めた。冬場もなるべく寒さをしのげるように、ベニヤ板を二重にして壁を作り、私と田中さんとの居住空間も仕切りを入れることで別にした。ベニヤ板は、厚さ5㎜程度の立派なもので、なけなしのお金を貯めていいものを購入した。地面には丸太を置き、床を地面から30㎝ほど底上げする工夫を凝らした。食器棚などの家財道具も、近くのマンションの粗大ごみなどを譲ってもらうなどして揃えていった。少しずつ稼いで貯めたお金で買ったものもたくさんあった。ストーブを拾ってきたり、バッテリーでテレビも見られるようになったりと、テントは、私たちにとって「家」そのものとなった。

◉野宿者としての生活

この頃から、大阪府と大阪市とが共同出資という形でやっていた登録輪番制の特別清掃事業による仕事も月に3回程度の割合ではじめていた。6時から17時までほぼ毎日の空き缶拾いと清掃の仕事で、ようやく月2万円前後の収入になった。食事は、炊き出しのほか、購入することもあったが、十分なものではなかった。

野宿生活を好きでやっているという意見も耳にするが、少なくとも私は違った。とにかく毎日をできるだけ他人に迷惑をかけずに過ごす。そのようなある種あたりまえのことに一生懸命だった。

◉期間限定規律だらけの施設生活と野宿生活

05年11月と12月、06年1月に大阪市の公園事務所職員と面談の機会をもった。自立支援センターという施設に入らないかということだった（ただし、口頭による説明のみで資料等を示されることはなかった）。このような話をすると、「ほな、入ったらええねん」と思われるかもしれない。だが、ここの入所期間は3ヶ月であると仲間からきいていた。3ヶ月という期間をどのようにみるかは人それぞれであろうが、現実問題、若者でも職がないご時勢のなか、60歳前後の初老男性が仕事をみつけるにはあまりにも短い。それまでにも何度となくハローワークなどにも通ったが門前払いされることすらあった。その程度の期間で仕事がみつかるのであれば野宿など続けてはいないだろう。精魂込めて作ったテントを壊され、長い間かけて集めた生活必需品のほとんどを捨てて、規則だらけの施設で3ヶ月過ごしたとしたとしても、仕事がみつからなければ今度は文字通り裸一貫で野宿に戻るしかない。そうすると、また一から生活必需品を集めるところからはじめるしかないのだから、状況は悪化することになる。イチかバチかで施設に入るのがいいのか、低空飛行であっても一応安定している野宿生活を続けるのがいいのか。冷静に考えれば明らかであろう。

3 強制立ち退き

◉なす術なく立ちすくむ強制立ち退きの現場

行政代執行の日、私は仲間たちと現場に立ち会った。こちらはせいぜい150名程度なのに対して、大阪市は700～800名と5倍近くいた。思いの丈を述べようとハンドマイクを片手に「おたくも人間やったら何とかならんか。おたくも人の子やろ。家に帰ったら子どももおるんやろ。こんな人をバカにしたような方法やなしにもっとええ方法ないんか」と声の限り叫んだ。できうることならばなんとか食い止めたい、と考えての行動だったが焼け石に水だった。職員のなかには良心を痛めているような表情をする者もいたようにみえ、彼らが私たちを直視することはなかった。

私は、自分の家が、とり壊される様子を金網の向こうから見ているほかなかった。私たちのテントは、10数名の職員にとり囲まれいろいろな道具で壊された。精魂込めて作ったテントは壊されるまでに30分はかかっていた。

多くの人に頭をさげて、あり金をはたいて作った我が家が壊されていく。悔しいというしかなかった。私は、いつも明るく脳天気で、母親が死んだときでさえ泣かなかった。しかし、このときばかりは自然と涙があふれ出てきた。何か自分自身の存在そのものが否定され、この世から抹殺されるような痛烈な寂寥《せきりょう》感を覚えたのだ。

実際に現場でとり壊し作業をしている職員はおそらくは上司の指示にしたがっているだけであろう。彼らに悔しさをぶつけても仕方がない……。そのような思いで本件裁判が提訴されたのだと思う。

◉人間らしさをとり戻した現在の生活

本件のあと、支援者の力を借りて、生活保護を受けてアパートで暮らしている。本件より以前に、巡回相談員等に出会い、この方法があることを知っていれば、このような訴訟は起こらなかったのではないか。

アパートでの生活は快適だ。野宿生活をしていたときは、野宿生活をしているということそれだけで、人間とは扱ってもらえていないようにかんじられたし、バカにされているような気がしていた。悔しかった。だが、現在は、近所の喫茶店で常連客とバカ話もでき、「人間らしい生活」がとり戻せている。

しかし、当時のことを思い出すといまでも涙があふれてくる。「あんな強制立退きは絶対にする必要がなかった。みんな人の子なんだから、知恵をしぼって考えれば、なんかええ方法がみつかったはずや」。私は強くそう思っている。

法律家の視点

排除への抵抗

弁護士　石側 亮太

1 はじめに

靭公園と大阪城公園は、ともに大阪市内中心部にある大規模な都市公園である。両公園には、さまざまな事情からホームレス状態に立ち至った多くの人びとが、ブルーシートやベニヤ板で作ったテントや小屋掛けを設置し、そこを住居として生活していた。

両公園を設置管理する大阪市は、06年1月30日、民間警備会社のガードマンをも動員した圧倒的な人数で公園を取り囲んで封鎖したうえ、彼らのテントを強制的に撤去した。靭公園についてはこの日の人的体制として、総勢505名、うちガードマン250名という陣容であったことが、後に大阪市側の資料によって明らかになっている。両公園合計で排除に動員された人数は1000名を超えたとみられる。

テントに残って抵抗しようとした人びとは、腕をかかえて引きずり出された。こうして、両公園からテントは一掃され、そこで暮らしていた人は排除された。

たしかに、都市公園は、本来、人がテントなどを設けて日常生活を営むために設けられた空間ではない。では、なぜ彼らはそこで生活しているのか。答えは単純である。他に生活できる場所がなかったからである。強制撤去によって奪われた住居は、彼らが最後にたどり着いた生活の場所だった。公園から排除された人は、文字通り路上に放り出され、行き場を失った。その後、支援者の活動により居宅を確保し生活保護を受けられるようになった人もいるが、文字通り消息不明となった人も多い。野宿生活のまま亡くなった人もいる。

本件は、最後の居場所として公共の空間である公園に居住するしかなかった人を、そこが公共の空間であるからとして強制的に排除した行為の違法性を問う闘いである。

2 提訴までの経緯

強制撤去により排除された多くの人のうち、15名が本件訴訟の原告となった。彼らは、他に行き場所がなく、両公園に設置したテント等を生活の本拠とせざるを得ない境遇にあった。その理由は高齢、失業、病気などさまざまである。彼らが公園に居住しはじめた時期もさまざまであり、なかには公園での生活が約10年に及ぶ人もいた。

他方、彼らすべてに共通していたことは、誰一人として、「公園でのテント生活」という境遇に好きこのんで身を置いたわけではないということである。また、単に毛布や寝袋、段ボールなどで路上やベンチに寝るのではなく、テント等に居住することは、命を守る砦としての意味をもっていた。彼らの多くは、空き缶集めなどで得る収入で何とか生計を維持していた。それは、各自の精一杯の努力ではあったが、アパートなどの住居を確保・維持し、最低限度の生活を営むには到底足りるものではなかった。つまり、原告らの誰もが、「資産・能力を活用しても最低限度の生活を営むに足りない」という点において、生活保護の適用要件を満たす状態にあった。しかし、実際には、原告らが、生活保護の適用につながることはなかった。

大阪市が、原告らのテント等を両公園から排除する方針を固めたのは05年9月上旬頃のことである（内部的な決定であったが、のちに訴訟上明らかになった）。大阪市では、06年に、両公園を会場とするイベント開催を予定していた。大阪城公園は06年3月から5月まで開催された「全国都市緑化おおさかフェア」の主会場として予定されていた。また、靭公園には「バラ園」があるが、06年5月には大阪市で「世界バラ会議」の開催が予定されていた。これらのイベントに向けて、テント等を排除しなければ間に合わない、というのである。

05年10月5日、大阪市は両公園において、「工事の支障」になるとしてテント等を撤去するように求める文書を配布し、複数の大阪市職員がテント等を個別に訪問して、撤去を求める説得を強く行うようになった。とくに、靭公園では、野宿生活者らが相互に助け合うために組織した「靭公園自治会」が存在し、公園管理事務所は同自治会を野宿生活者との話し合いの窓口としてきたが、これ以降は「団体交渉は行わない」との方針を明らかにして、野宿生活者らに対して個別に圧力を強めるようになったのである。個別訪問の際は、テント等を撤去して大阪市が設置する自立支援センターや大阪城仮設一時避難所へ入所するように説得がなされた。しかし、野宿者らのすべてが適用条件を満たすはずであった生活保護制度については、その適用を前提とする説明は行われなかった。

05年12月下旬、大阪市はテントの撤去に応じない者に都市公園法に基づく除却命令を発し、行政代執行法による強制撤去を行う方針を決定した。大阪市にとって、この時期がリミットであったのであろう。

この方針に基づき、大阪市は、行政手続法、都市公園法、行政代執行法による手続の形式を整え、06年1月30日、最初に述べた強制撤去を強行したのである。

3 訴訟の経過

本件に対する法的手続は、強制撤去に先立つ06年1月11日に開始された。弁護団は、同日、大阪地裁に、予測される除却命令に対する差止請求訴訟の提起及び仮の差止申立を行ったが、同月13日に除却命令がなされたことから、同命令に対する取消請求訴訟及び執行停止申立に切り替えられた。しかし、同月25日には大阪地裁が執行停止申立を却下し、これに対する抗告申立を同月29日に大阪高裁が棄却し、30日に強制撤去が行われたのである。

これにより、既に係属していた取消請求訴訟は国家賠償請求訴訟に訴えを変更するとともに、強制撤去後に国家賠償請求訴訟として追加提訴を行った人も含めて合計15名の原告が裁判を戦うこととなった。

私が弁護団に加わったのは、この段階からであった。既に弁護団には、国際人権法・憲法・行政法・生活保護法のエキスパートが揃っており、錚々たる陣容ではあったが、もっと「若手で汗をかく（書面を書く）人手」が必要ということで、リクルートされたのである。私は、弁護士登録（01年）以来数年間を大阪市民として過ごし、靭公園や大阪城公園を自転車通勤のルートや散策場所として普段から利用していたから、そこにテント等で生活する人びとがいることは、ごく見慣れた風景であった。その風景を見ながら、元々関心を持っていた野宿者問題に思いを巡らせることや、自分の関心が現実の力に繋がらないという無力さ（微力さ）を感じることは実際にあった。しかし、まさか彼らのテントが物理的・強制的に排除されることがあろうなどとは、思いも及ばなかった。なぜなら、そこには現実に「人の生活」があったからである。それ故、強制撤去のニュースには、とりわけ強いショックと憤りを感じていたので、ふたつ返事で弁護団に参加することにした。苦戦になる予感がなかったといえば嘘になるが、この憤りを実際の活動に転化する場をもらえたことに、喜びを感じていた。

こうして06年に始まった第一審（大阪地裁）の審理において、原告側は、事実面としては、原告らがその場所で居住していた実態とその意味、それが奪われた実情と想いを明らかにした。これに対して、大阪市が持ち出したのは「市民の不安や苦情」「イベントの開催と景観」「公園機能の阻害」等といった「排除の論理」であり、そもそもの出発点から根本的に嚙み合わない議論であった。証拠調べにおいては、原告本人尋問や支援者の証人尋問、強制撤去の責任者・担当者であった大阪市職員らの証人尋問が行われ、強制撤去が「排除」そのものであったことが生々しく明らかにされた。

また、大阪市は、ホームレスの自立の支援等に関する特別措置法（自立支援法）に基づく施策（自立支援センターや大阪城仮設一時避難所への入所）を、強制排除を正当化する根拠として主張した。このような施策の問題点と限界、原告らが施設への入所に応じなかった理由などが、この訴訟の焦点のひとつとなった。この点については、大阪市が設置した自立支援センターの元施設長であった山本憲一さんが証人として出廷し、現場で努力した立場から率直に施策そのものの問題・限界を指摘した。大阪市の施策の現場の責任者自身がその施策の限界を証言したことは、法廷に強いインパクトを与えた。

また、法的問題としては、国際人権法（社会権規約違反）、憲法、行政法、民事執行法、生活保護法等、きわめて多岐に渡る論点が主張された。憲法25条の生存権との関係を中心として、各レベルでの法的論争はいずれもきわめて重要な問題を投げかけたが、証拠調べでは、とくに、行政代執行という「モノ」を対象とする手段によって「人」を排除したことの違法性を研究者の立場から明らかにした太田匡彦東京大学准教授の証言が圧巻であった。

第一審の判決は09年3月25日に言い渡された。弁護団は上記の立証活動を始めとして、強制排除の不正義を明らかにするために、全力を注いできたが、結論は請求棄却であった。

原告・弁護団は控訴し、大阪高等裁判所で審理が続けられたが、これも10年2月18日に控訴棄却の判決がなされた。現在、最高裁判所に上告審の審理が係属している。

4 問題点

本稿では、以上に述べた本件訴訟の論点や証言のすべてを解説することは困難だが、できるだけ根源的な問題について、以下の観点から整理したい。①まず、「なぜ原告らはそこで生活しているのか」という基本的な点を確認し、②次に、強制撤去を行う側の理屈（「排除の論理」）がどのようなものかをみたうえで、③翻って最後に、原告らはなぜ強制撤去による「排除」に抵抗しなければならなかったのか、という点を考える。

◉なぜそこにいるのか——人間らしく生きるための砦

この訴訟を理解するためには、まず、なぜ原告らは公園のテントで居住していたのか、という、素朴な問題から始めなければならない。

あたりまえの話であるが、人間は「物理的な実体」をともなった存在である。社会のなかに一定の空間を占めなければ生きていけない。しかも、人間が生きてゆくために必要な「一定の空間」とは、単に人間の肉体が物理的に占めるだけの空間ではない。人間は、単なる生物ではなく、社会的な「生活」をする存在であるとともに、人としての尊厳を保たなければならない存在であるからである。具体的には、風雨をしのぎ、一定の温度を保ち、安全に休養と睡眠を取り、最低限のプライバシーが確保できるだけの、外部から遮断された空間を確保することが必要である。また、「人間の生活」といえるためには、衣類、寝具、炊事道具、食器その他のさまざまな道具・財産を保有する必要があるし、これらについても、ただ「置く」ことができれば良いのでなく、盗難や風雨などから守り、

かつて原告らのテントがあった場所に，言い訳のように「遊歩道」が設置された

安全に保管することができるだけの空間が確保されることが必要である。

ところが、現代の資本主義社会のなかにおいて、上記のような条件を満たす空間を確保するためには、通常、土地か建物の所有権、賃借権といった私法上の権利が必要である。そして、このような権利は、ほとんどの場合、財産的な対価と引き替えでなければ得られない。ホームレス状態とは、このような財産的な対価を払って私法上の権利を保有することができない状態ともとらえることができる。先に述べた自立支援法は、「ホームレス」の定義について、「都市公園、河川、道路、駅舎その他の施設を故なく起居の場所とし、日常生活を営んでいる者」と規定するが（同法2条）、ホームレス状態にある人は、結局のところ、「都市公園、河川、道路、駅舎その他の施設」すなわち誰でもが利用できる公共の場所に身を置くほかに、社会において居住する場所を占めることができないのである。自立支援法2条にある「故なく起居の場所とする」という言葉は、普通の日本語の感覚では「理由がないのに敢えてそこに起居する」という意味のような印象を受けるが、不適切である。原告らが公園に居住するのは、好きこのんでそうしているのではなく、「他に生活できる場所がない」がための、やむをえない事態なのである。法解釈としては、2条の「故なく起居の場所とする」とは、「やむを得ずそこに起居する以外にない」という意味に読まなければならない。

　このように考えると、原告らが公共の場所に身を置かざるをえないというところまでは、ある程度は理解をえられるのではないかと思う。ただ、公共の場所にしか身の置き所がないといっても、公園はテントや小屋掛けを設置して居住する場所ではない、という、それ自体は常識的な考えが一般的であろうから、理解にはもう一段ハードルがあると思われる。しかし、私は「公共の場所に身を置くこと」自体がやむをえない（本人を非難できない）のとまったく同様のレベルにおいて、「公共の場所にテント等を設置し、一定の空間を占有して居住すること」もやむを得ないものだと考えている。なぜなら、人が人間らしく生きていくためには、その最低限の基盤として、先に述べたように、肉体の容積以上のある程度の空間を、しかもある程度の時間的永続性をも伴って確保することが、どうしても必要だからである。すなわち、人が人間らしく生きてゆくためには、「住居」が確保されることが絶対に必要なのである。このような意味で、国際人権規約Ａ規約（社会権規約）の解釈に関して、国連の社会権規約委員会の示す「一般的意見」では、「適切な居住の権利」を重要な人権として位置づけている（一般的意見4第1項）。

　原告らの多くは、ホームレス状態に陥った当初は、単に路上やベンチで寝泊まりをするところから生活を始めざるを得なかったし、原告ら以外にも、現にそのような生活を送っている人は多い。しかし、路上やベンチでの寝泊まりという状況は、安全・衛生・健康・プライバシーといった、人間の尊厳の前提となる最低限の条件をまったく確保できていない状態である。それゆえにこそ、原告らにとって公園内に設置したテントは、人間らしく生きるために、必死の思いで確保した「命の砦」ともいうべき住居であった。

◉なぜ排除するのか——排除のための排除

それでは、原告らの「命の砦」を強制撤去した大阪市側の論理はどのようなものであったか。大阪市が第一審の答弁書から一貫して主張したのは、「不法占拠による公園機能の阻害」を解消するために必要であった、ということである。「公園機能の阻害」は、主としてふたつの側面から主張された。ひとつは、先に述べた「全国都市緑化おおさかフェア」や「世界バラ会議」というイベント開催、あるいはそのための整備工事の支障となる、というのである。しかし、実際には、原告らのテントが設置されていた場所のほとんどは、撤去後も何らの工事も行われなかったのである。なかには、テントのあった場所と重なるように「遊歩道の設置工事」が行われるとされた箇所もあったが、その「遊歩道」とは、地面に安価な木の杭を刺し、麻縄でつないだだけの通路に過ぎず、その場所に設置する意味も希薄と言わざるを得ない代物であった。原告らのテントが存在したままでも、工事の支障にはならなかった筈であるし、イベントの開催の支障にもならなかった筈である。ただし、それは「物理的な意味」においてのことである。公園の設置管理主体である大阪市にとって、ホームレスのテント等が多数存在している状態では、全国的あるいは国際的なイベントの会場として「体裁が悪い」という意味においては、大いに「支障」だったのであろう。それが大阪市のいう「公園機能の阻害」の実質であり、排除の理由であったと考えられる。

大阪市が、「公園機能の阻害」の内容として主張したもうひとつの側面は「市民の苦情」である。ここには、大阪市の排除の本音が、さらにストレートに現れる。曰く、地元住民や公園利用者から「子供が安心して遊べない」、「市民の憩いの場所として利用できない」、「大阪のイメージダウンにつながる」などの苦情（投書等）が寄せられたというのであり、公園内あるいは隣接する施設の管理者等からも「来訪者が安心して利用できるよう野宿生活者対策を強化し環境を整備するよう強く求められるようになった」というのである。これらの「苦情」はいずれも、野宿生活者に対する恐怖感・不安感あるいは嫌悪感を述べる主観的な意見である。一般にそのような「イメージ」を抱く人が多いことはそのとおりであろうし、驚くようなことではない。しかし、現実に野宿生活者が他の公園利用者に危害を加えたなどという事実があるわけではなく、恐怖感・不安感あるいは嫌悪感は、飽くまでも「イメージ」または「意見」にすぎない。驚くべきは、そのような「イメージ」にすぎないものが、強制撤去の必要性の裏づけとして、訴訟上において行政側から堂々と援用・主張されたということである。

靭公園は、戦後は進駐軍の飛行場として使われたといわれ、総面積約9.7haの規模を有している。また、大阪城公園に至っては、総面積１０５・６haの巨大さを誇っている。その広大な敷地に、数十件のテントが設置され、居住する人がいたとしても、客観的な意味で「公園の機能が失われる」ことなどありうるだろうか。

結局、「公園機能の阻害」を理由とする強制撤去は、ホームレス状態にある人を、他の市民とは「異質」で「目障り」な存在と見て、これを排除すること自体を自己目的として行われた、というのが本質である。いわば「排除のための排除」であったのである。

◉なぜ抵抗するのか

いかに本件が「排除のための排除」であったとはいえ、大阪市もさすがに「何の手当もなしに」排除を行ったという訳ではない。大阪市は、原告らに対し、自立支援法に基づく施策として、自立支援センター等の施設への入居を提示してはいたのである。

そうすると、「施設へ入居できるのならば、公園のテントよりも良いのではないか。なぜ抵抗するのか」との疑問が登場するだろう。この疑問が解消されなければ、強制撤去への抵抗は「身勝手」なものにみえるかもしれない。

しかし、大阪市が原告らを誘導しようとした上記施設は、「適切な住居」というにはほど遠いものだった。プライバシーも確保されない共同生活施設であり、門限や飲酒制限などをはじめ、集団生活であるために生活には多くの制約が課されていた。一人あたりの面積など、施設の物理的水準も生活保護基準を満たさないものであった。

こう説明すると、「集団生活ならば制約があるのは当然ではないか」と言われることがある。しかし、「集団生活」を前提とすること自体が、大きな誤りである。生活保護法30条1項は、保護は「居宅」において行われることを原則としている。ホームレスであるからといって事実上施設への入居を強制される理由はないし、「集団生活ゆえの制約」を受けなければならないという理由はないのである。「集団生活ならば制約があるのは当然」という発想が浮かぶとき、そこには「ホームレス」を「ホームレスである」というだけで「普通の人」と区別する、蔑視・差別があるといわなければならない。

また、「生活保護基準を下回ると言っても野宿よりましではないか」と言われることがある。しかし、これは二重の誤りである。まず、意に反した集団生活を強いられる時点で、既に「野宿よりまし」ではない。また、物理的意味において仮に「野宿よりまし」だったとしても、その発想は不正義である。生活保護基準は、憲法25条1項の「健康で文化的な最低限度の生活」の水準を具体化するものである。仮に、たとえばこの水準（すべての人に憲法25条1項が保障する筈の水準）を、「100」であったとしよう。他方、原告らが自力で営んでいたテントでの生活水準はたとえば「30」であったとする。この自力で確保した「30」を公権力が奪おうとするとき、その代わりに与える水準が「100」を下回っても、たとえば「60」であっても、「30」よりましだから良い、という発想は、「ホームレスには憲法25条1項の保障は及ばない」というに等しい。

強制撤去は、原告らが人間らしく生きてゆくための基盤を奪うものであった。そして、代わりに大阪市が原告らに提示した自立支援施策（自立支援センターまたは仮設一時避難所への入居）は、原告らが人間らしく生きてゆくための基盤を提供するものではなかった。それが、原告らが抵抗するしかなかった理由である。

◉おわりに

原告らを含めて20件前後のホームレスのテントを排除するのに、行政が１０００名体制の圧倒的な物理力を行使したことの意味は何か。大阪市は、訴訟上「激しい抵抗が予想されたから」であると説明し、裁判所もこれに疑問を抱かなかった。「抵抗するから排除した」というのである。そこには「なぜ抵抗するのか」という発想は皆無である。原告らは、「排除するから抵抗した」のであり、私たち弁護団も「排除への抵抗」を闘い続けている。

コラム１

路上の「初夜」

はじめて路上で一夜をすごしたのは99年1月だった。

一緒に寝泊りしている人たちでダンボールを集めて、同じ大きさのものを筒状にはめこんで、90㎝四方、長さ2ｍくらいの空間をつくる。1枚380円で買った中古のうすっぺらで、いろんな人のいろんな匂いの染み付いた毛布を3枚、そのなかに敷く。狭い筒状のなかで3枚の毛布をきれいに敷き詰めるためにはコツが必要だった。うまく敷かないと、足がはみ出て、冷えて眠れない。1枚は少し上にずらして、はみ出た部分を丸めて「枕」にする。2枚を敷布団にし、1枚を掛け布団にする。頭部にくるダンボールの蓋を「扉」にしてごそごそともぐりこみ、身体を横たえたら「扉」を閉める。靴は先に脱いでおかないと、なかでは狭くて脱げない。脱いだ靴を顔の横に置き、そのなかに外したメガネを入れる。「扉」を閉めると、外の明かりから遮断されて、密閉される。匂いがこもる。周囲で同じ作業をしていた人たちのがさごそいう音が鎮まると、森々とした冷え込みが頭部を包んでくるのを感じながら目を閉じる。ダンボール1枚隔てて外に晒されていて、しかも外が見えないので、ひどく無防備な感じがする。それまであまり気にならなかった通行人の足音が、自分を目指して近づいてくるようで、やたらと気になる。

結局、最初の晩は一睡もできなかった。途中で寝入るのをあきらめてダンボールの外に這い出し、3枚の毛布で身体をくるんで、あぐらをかいて建物の柱によりかかり、明け方ちょっとうつらうつらした。

野宿経験のあるすべての人が、こうした「初夜」を経験している。

異なるのは、私の場合は、どこに適当なダンボールがあるかを知っている「先輩」たちと一緒に寝ていたこと。衣服を中国や中南米から運んできたらしい、大きくて頑丈で、一度しか使われずにヨレていないダンボールが「上物」だった。予期に反して集めたダンボールのサイズが違うときには、周囲の人と交換すればよかった。雨が降っていなかったこと。寝る場所は建物の軒下でも、雨が降れば肝心のダンボールが濡れて集められなくなる。空腹でなかったこと。夜はみんなで一緒に集めたハンバーガーを食べた。みんなが均等に自分の分だけ確保できるなんてことはありえない。熟練の野宿者が、時間超過で廃棄された「新中古」のハンバーガーばかり投げ込んだゴミ袋を探しあててきて、それをみんなで分ける。空腹にまかせて2～3個食べると、ハンバーガーは確実に胃もたれしたので、私はフィレオフィッシュがお気に入りだった。そして何よりも、活動していた仲間たちと輪番で泊り込みをしていた私には、翌日布団で眠れることがわかっていた。翌日「挽回」できるとわかっているから、多少の無理は苦にならなかった。

本当の「初夜」には、これらすべてがない。繁華街の集積所に無数に積み上げられたゴミ袋のなかから、食べ物の詰まったゴミ袋を探しあてるなどできない（慣れてくれば、外から触っただけでわかるようになるから、いちいち袋を開けたり、ゴミ袋の山を崩したりして、集積所を「荒らす」ことがなくなる）。どこに適当なダンボールが棄てられているかなどわからない。もちろん毛布もない。そして、明日以降の見通しがない。だからほとんどの人は、公衆トイレの水などで空腹をごまかしながら、駅や公園の花壇の縁に腰掛け、翌日以降なんとかしてくれるかもしれない、あまり確かとも言えないあれやこれやのツテに思いを巡らし、いっそのことコンビニ強盗でもするか首でもくくるかなどとも考えながら、不安とみじめさにさいなまれ、一睡もせずに「初夜」をやりすごす。それが人によっては数日～10日と続く。

結局、何もかもが違うのだった。だから私は、自分の断片的な体験・見聞を手がかりに、その不安とみじめさを想像するしかない。

そしてそれは、想像を絶するものだった。私には、人生で一番困っていたときでも、いくつかの「あたりまえ」は残っていた。次のご飯とか、今晩の布団とか。仕事とか家族とか、健康とか友人関係とか将来とか、それらすべての悩み事が一気に押し寄せてきても、ご飯とか布団とか借金とかにまで積み上がったことはなかった。きっと、頭が混乱して、神経がすり減って、どうにかなってしまうんじゃないかと思う。しかし、多くの野宿者はふつうに人間的である。それは、人間の弱さと強さを同時に表しているのではないかと思う。悩み事の総量がキャパを越えるとき、人はその一部を思考の外に追いやって精神のバランスを保とうとする。心身が押しつぶされるのをそうやって自己防衛的に回避するのが、人間の本能的な〝底力〟でもあり、また〝慣れ〟でもある。

10年のいわゆる「公設派遣村」（東京都の年末年始総合相談）

にも、そうした「初夜」を経験したことのある833人が集まった。09年の日比谷公園の「年越し派遣村」にも増して若年層の多いのが目についた。野宿歴3日とか2週間とか、そういった人たちが珍しくなかった。明るく笑うこざっぱりした身なりの若者が、中高年のおじさんたちと一緒に話し込んでいるのを見ると、社会の地盤沈下の激しさに身につまされる思いがした。

世の中では、この人たちが「失業者なのか、ホームレスなのか」が話題になった。それは、失業者＝ネットカフェなどに寝ている＝就労意欲あり＝支援すべき人びと、ホームレス＝路上に寝ている＝就労意欲なし＝支援すべきでない人びと、という偏見の上に成り立っていた。多くの人が、仕事があってお金が入ったときにはネットカフェやカプセルホテルに泊まり、お金のないときは路上に寝る、というようにネットカフェと路上を往還しているなどの実態を無視した議論だった。

自分で言うのもなんだが、ふだん私はかなり辛抱強くそうした偏見に基づく議論に付き合っているつもりだ。議論の作法として、いったんは受け止めた上で実態を伝え、相手の理解を促そうと努める。しかしやはり、根底にあるのは、その「初夜」を経験させられてきた人たちへの共感と、それを経験させてきた社会への怒りだ。何があったとしても、人間たるもの、あんな思いをさせられる必要はないし、させるべきではない。

たったそれだけのことを、しかし十分に理解してもらえることなく、活動を始めてすでに15年が経過してしまった。偏見の壁は厚く、道のりは長い。そして今日もまた、路上での「初夜」を経験させられる人が生まれている。

〔湯浅 誠〕

第Ⅱ部
さまざまな野宿者問題

第6章

野宿者がかかえる法律問題

「『野宿者問題プロジェクトチーム』では、『免責の出ない破産はない』との合言葉で、どんなに浪費のかさんだ依頼者についても、ホームレス生活に至った事情と、人生のやり直しのためには免責が必要なことを訴える申立書を作成してきた。」

本文より

弁護士による支援

「路上の弁護士」による法的支援

弁護士　大橋さゆり・浮田麻里・小久保哲郎・普門大輔

1 野宿者問題プロジェクトチームの誕生

◉大阪の野宿者の数に驚く

私は97年4月から99年3月までを司法修習生として過ごし、97年7月から98年11月までは大阪で実務修習を受けていた。

大阪で過ごすようになって、街のあちらこちらで、公園のベンチで寝ている人、ビルの軒先で段ボールを敷いて寝ている人、公園のなかや外の路上に青いビニールで作られた多数のテントに気づいた。

大阪の裁判所は、北区の中之島公園という行政機関の集まるところにある。南側には大阪市役所がある。そういった地帯のベンチのすべてに、ボロボロの服を着た人が寝ている。あるいは人の大きさの段ボール箱が載っている（なかには人が眠っている）。そういうところを想像してみてほしい。「どうしてこの状態が放置されているのか」というのが私の素朴な疑問だった。

また、実務修習中には、パトカーに乗せてもらい、「あいりん地区」の周囲を回る見学があった。あいりん地区は「釜ヶ崎」とも呼ばれる、日雇労働者の寄せ場である。場所は街はずれなどではなく、ミナミの繁華街のすぐ南である。

日雇労働者は、稼いだ金で「ドヤ」と呼ばれる1泊1000円から2000円くらいの簡易宿泊所に住み、外食をしたり酒を飲んだりして、仕事が切れれば野宿をするという。街中に見かけるのは、ほとんど男性ばかりだ。実際に覚せい剤取引がよく摘発される地域でもあり、パトカーは「地区内に入ると危ないので」と外を回っただけであった。

こうした地域が大阪の街中に存在する、ということにも、私は何か強い印象を持った。

◉大阪弁護士会人権擁護委員会に「野宿者問題プロジェクトチーム」が誕生

大阪で弁護士登録をして1年目の終わり、00年の2月から、私は「近畿弁護士会連合会人権大会ホームレス問題シンポ実行委員会」に配属された。その年にシンポが終わってからも、大阪弁護士会人権擁護委員会のなかに「野宿者問題プロジェクトチーム」が存続することになった。

ちょうど、大阪をはじめ各地で野宿者が急増し、その実態を把握するために大阪市でも大阪市立大学に依頼して実態調査を始めていた頃であった。

また、00年秋、大阪市内に「自立支援センター」という名称の施設が3つ設けられた。定員は3施設で合計280名ということであった。全国的には、東京と名古屋にも設置されていた。

「自立支援センター」は、大阪市から社会福祉法人に委託料を払って運営させる方式で、野宿者のうち就職意欲の高い人が原則3ヶ月間（3ヶ月延長可能）入所し、宿泊と食事の提供を受ける。かつ、スタッフが就職の相談に乗り、就職活動用の衣服も提供して、センターを連絡先としてスムーズに就職が決まるように支援する施設である。集団生活（2段ベッドが何十と入った大部屋での暮らし）であり、所内飲酒は禁止という、居心地がよいとはいえない施設である。それどころか、狭さからいえば生活保護基準を優に割っているという問題をかかえている施設であるが、主に野宿を始めて間もない人で、就職して野宿を脱したい、やり直したいという思いの強い人が入所していた。もともと釜ヶ崎で日雇労働をしていた人とは違う、ホームレス状態の人のなかではニューカマーである。

私たち「野宿者問題プロジェクトチーム」は、手始めにこの施設に対して「パイロット無料法律相談」をもちかけ、法律相談のニーズがどこにあるかを探ることになった。

◉膨れあがる借金・追いすがる借金取りに自己破産で終止符を

自立支援センター入所者を対象に法律相談をしてみると、「借金から逃げ出してきたが、高利がだいぶ溜まっていて払いきれない」また、「借金取りに追われるのが怖くて住民票が移せないが、これでは就職ができない」という相談がどんどん出てきた。

先の収入に頼って借り入れをしてしまい、思わぬ失業で「借金で借金を返す」生活に陥る。安易な生活設計、と突き放せばそれまでだが、資本主義経済はとにかくモノ・カネを流通させせなければ景気が良くならないのであるから、一方では大々的に消費が奨励されている。その一方で「労働力の流動化」は資本の意向により推し進められ、労働者はこれらの間で強風に舞う落ち葉のように生活を翻弄されている。そのひとつの漂着点が「野宿生活」だ。そして、家を失った人にとってしのぎやすい環境が揃っているところが、ちょうど日雇労働者の街・釜ヶ崎をかかえる大阪だったのである。

そこで、当チームは、弁護士として具体的にかかわれる内容として、野宿生活者がかかえたままの借金を自己破産・免責申立により「チャラにする」ことにニーズがある、と確信し、法律相談を定例化することを企画した。そして、各センターの予算の一部で大阪弁護士会と法律相談契約をしてもらい、各センターに4ヶ月に1度、弁護士2名ずつを派遣して、各センターのどこかで毎月相談が受けられる体制に漕ぎ着けた。その結果、各月12名までの法律相談が可能になった。

しかし、文字通り「無一文」の状況にある相談者が自己破産手続をとるのに、弁護士費用はどうなるのか、ということがある。

そこで、当チームでは「野宿生活者の自立支援は大阪弁護士会の課題である」ことを力説して回り、法律扶助協会大阪支部から「大阪支部の独自事業として、自立支援センター入所者の自己破産申立も扶助の対象とする」という決定を引き出すことができた。

扶助が使える、ということは、利用者からすると「費用は分割の後払いでよい」ということである。そして、受任する弁護士には、まとまって15万円弱の費用（実費込み）が扶助協会から支払われ、「通常と比べると安いが、ただ働きにならずに済む」のである。

以後現在まで、自立支援センターでの法律相談は、施設数の増減に合わせて対応してきた他、公園在住の野宿者（巡回相談員に同行）、女性の施設や出所者の更生保護施設にまで拡充している。また、法律扶助協会は法テラス（日本司法支援センター）へ事業が移行して、全国的に適用される体制が整った。かつ、法テラス申込みの際に生活保護基準以下の生活（野宿者も自立支援センター入所者も該当する）をしていれば弁護士費用の償還は事件終了時まで猶予され、事件終了時に生活保護受給者であれば弁護士費用の償還が免除されることになった。これらの詳細については第7章へ譲る。

野宿者問題プロジェクトチームは、大阪弁護士会人権擁護委員会のなかの一時的なチームから常設の部会に格上げされ、ホームレス問題部会として活動を続けている。今後の課題は、釜ヶ崎の真ん中で、オールドカマーもニューカマーもどしどし法律相談を受けていくことである。

〔大橋さゆり〕

2 法律相談ニーズは借金にあった——自己破産・免責手続、横山さん、大野さんの例

◉法律相談で自立達成(1)——自殺しかけた横山さん

横山太一さん〔仮名〕。幾人もの相談者の方の自己破産や過払い金回収の仕事を受けてきて、終われば施設からどこに居を構えられたかも追いかけず、記憶の薄れるままになるなかで、こんなに義理堅く、私に感謝して盆暮れの挨拶までしてくれる人は少ない。

横山さんは大手電器店に派遣されて商品の説明と販売を行う業者をしていた。専門職で、月40万円程度の収入があったという。妻子がおり、銀行ローンを組んで住宅も買っていた。

ところが、収入をあてにしてちょっと遊ぶ金を消費者金融から借りては返済していたところ、これが高利で膨れあがり、数社から借入しては返済する自転車操業に陥った。

返済が遅れると、すぐさま消費者金融は勤務先に電話で催促をしてくる。「サラ金に借金があって、遅れている」という事実がバレて、横山さんはあっという間に契約を切られてしまった。

業界というのは狭いもので、同じ職種に就くことはもうできない。膨らんでいる借金のために住宅ローンももちろん延滞し、住宅は競売に掛けられた。妻とは離婚した。娘がいたが、離婚のあとはもう連絡もとっていない。横山さんは人生の谷底に落とされたような不幸に我を失い、大阪から明石海峡大橋まで死に場所を求めて歩いて行っ

たという。数日かかる距離である。もちろん空きっ腹を抱えて野宿をしながらである。

しかし、「死ねませんでした」と横山さんは自嘲するように言った。やはり生きていくしかない。でもどうしたらいいのか……横山さんはまた大阪まで歩いて戻ってきた。そして、釜ヶ崎へ来て野宿をしていた。

そんなあるとき、ふと拾って手にした週刊誌の記事に、ホームレス自立支援センターが載っていたという。「これに出会わなければ、私はそのへんで野宿を続けていました」と横山さんは言う。

自分のために制度がある――そう思った横山さんは、区役所を訪ね、大阪市の巡回相談員の面接を受け、ある自立支援センターに入所することができた。そして、職員に借金のことを相談し、私たち「野宿者問題プロジェクトチーム」メンバーが派遣される法律相談につながった、というわけである。

横山さんの借金について、自己破産手続を検討することにしたが、ひとつ問題があった。横山さんの借金の原因は「遊ぶ金」であるため、免責不許可事由にあたるのは確かである。そのため、弁護士によっては「免責は通りませんよ」「このまま消滅時効が来るまで（※最終取引日から5年〔法人の場合〕または10年〔個人業者の場合〕）待ったらどうですか」というアドバイスもありうる。「時効を待つ」というのも、立派なひとつの法的な選択肢である。

しかし横山さんの就労意欲は高く、時効が来るまで住民票を動かさずに潜伏生活をするという選択肢は考えられなかった。

また、「野宿者問題プロジェクトチーム」では、「免責の出ない破産はない」との合言葉で、どんなに浪費のかさんだ依頼者についても、ホームレス生活に至った事情と、人生のやり直しのためには免責が必要なことを詳細に訴える申立書を作成してきた。現に一度目の破産で免責が不許可になったケースは聞いていない。

それで、横山さんについても、免責不許可事由はあるけれども裁量免責の余地がある、と書面に記載して申立をした。裁判所からは、反省文の提出が求められ、横山さんは手書きで一生懸命に反省文を書いた。その後、免責決定が出た。

横山さんは、今はビル管理の会社に就職し、当直のある管理業務に就いている。盆暮れに電話が来て、わざわざ挨拶に来てくれる。菓子折もきちんと持参されて、「うちのビルにも弁護士事務所があって、よう働いてはりますよ」とか、「エレベータの緊急停止を確認するためには、3回飛び跳ねてみてください。止まりますよ。私、やってみましたから」とか、嬉しそうに話してくれるのが、私もとても嬉しい。

あとは、連絡もとらないでいる娘さんに、元気な声で現状と謝りの電話をされる日が、遠からず来ることを願っている。

◉法律相談で自立達成(2)――微罪・実刑のくり返しを脱却できた大野さん

大野敏さん〔仮名〕。もとは工場の工員を長らく勤めてきた男性である。独身の次男坊で、田舎の家を継いだ長男である兄の夫婦と同居していたが、兄の妻に経済感覚が乏しく、大野さんは何度か兄に頼まれて消費者金融から借金をしてやっていた。それでも自分の給料で返済できる範囲であり、問題はなかった。

ところが、大野さんは工場で上司と対立し、「またすぐ見つかるわと思って」あっさり自己都合退職してしまった。いま思えば軽率の至り、ということだったようだが、年齢もあって仕事がまったく見つからない状況に陥った。そのうちわずかな退職金も底を突いた。

兄の家も借金まみれであり、大野さんへの借金督促も来るなかで、大野さんは家を飛び出し、ホームレス生活を始めた。しかし、慣れないホームレス生活で嫌気が差し、程なく迎えた元旦の日、空き地に止めてあった廃車に火を点けて、放火罪容疑で現行犯逮捕された。ここからが大野さんの蟻地獄に落ちたような生活の始まりだった。実刑で刑務所へ。引き取り手もないので満期までいて出所したが、刑期が短いので刑務作業で少額しか得られず、出所時の手持ち金もわずか。ホームレス生活に逆戻りしただけであった。そして、拾った自転車を警察の検問で咎められて、占有離脱物横領罪容疑で現行犯逮捕。また実刑。微罪なのですぐに満期出所して、また拾った自転車で現行犯逮捕。また実刑。満期出所して、次は破れかぶれの無銭飲食で現行犯逮捕。

大野さんは裁判所に「どうして暮らしたらよいのでしょうか」と訴えたという。裁判所も困って、何のアドバイスもなかった。弁護人をした弁護士も、何らの有益なアドバイスをくれなかった。そのまま実刑となった。

その後、大野さんは更生保護施設に入所し、仮出所期間を過ごすことになった。もう65歳を過ぎ、稼働年齢を超えているため、施設の職員からも、出所後は生活保護を受給できるように役所に働きかけをしようとしていた。そのときに問題となるのが借金の存在である。そこで、私たち「(野宿者問題プロジェクトチーム改め)ホームレス問題部会」から派遣された弁護士による法律相談につながったのである。

事情をよく聞いていくうちに、大野さんが3回目の実刑と4回目の実刑の間で、ある男に戸籍を売って、知らない女性と結婚したことになっているのがわかった。大野さんの話によると、既婚であることで信用がついて、ある公的機関から借入ができる状態になったという。別人が大野さんになりすまし、大野さんの名義で数百万の借入をしているというのである。

自己破産をするために債権調査をしたところ、その公的機関から借り入れた数百万の借入金は、まったく返済されていないことがわかった。まさしく組織的な詐欺に加担したということになる。

その公的機関が追及してくれれば、刑事告訴するという話にもなりかねず、大野さんはまた刑務所に逆戻りか、と背筋の寒くなる話になった。しかし、大野さんは戸籍の話を持ちかけてきた男の名前すら知らない。ただ、数ヶ月の間、毎月「お手当」を数万円ずつ男から受けとっていただけである。大野さんは知らない女性と婚姻したことになっている戸籍も「とくにいじりたいとは思わない。とくに問題もないでしょう」と消極的なので、女性と連絡をとって実態を摑むこともとくにしないで、ただ、自己破産をして免責をもらうことに集中することにした。集中、といっても、とくに秘訣もない。実状をありのままに報告するだけである。この微罪と実刑のくり返しは、まさに司法が大野さんの生活再建に何も役に立たなかったという事実をあらわにしている。それをそのまま書いていった。

某公的機関からは、申立代理人弁護士からの債権調査依頼に対しても、とくに何の意見も出なかった。「意見」というのは、債権者が破産者の免責に関して何か問題があると考えるときに出すものである。「浪費であり免責は許されない」「隠し財産がある」「信用について騙して借入をしている」などがある。もし公的機関から借入の事情や返済をまったくしなかったことの事情を聞かれれば、申立書にも書いているくらいだから申立代理人弁護士としては答えなければならない。しかし、事情は聞かれなかった。

さて、裁判所からは、一応問題ありのケースとされて個別の債務者審尋が行われたうえ、反省文の作成を指示された。大野さんは、手書きで一生懸命反省文を書かれた。きれいな字で、人生を振り返る渾身の反省文であった。そして、免責決定が出された。

現在、大野さんは生活保護を受けながら、介護ヘルパー2級の資格をとり、働き口を探している。ホームレス生活と実刑生活で失ってしまった10数年を取り戻すように、働いて利用者に感謝される生活を求めておられる。就職できれば、収入を生活保護担当ケースワーカーへ申告し、収入の一定割合が「収入認定」されて生活保護からの給付が減らされることになるが、生活保護自体が廃止されるわけではないので、収入の増減があっても生活は安心だ。

このような「半就労・半福祉」のセーフティネットで、大野さんが落ち着いて充実した生活を営まれることを、私は切に望んでいる。

〔大橋さゆり〕

3 生活保護をめぐる福祉事務所との交渉

◉堀田さんとの出会い

(1) 全国一斉生活保護110番

堀田一郎(仮名)さん(当時63歳)との出会いは、私が弁護士になって1年目の初夏、06年6月30日に日本弁護士連合会が実施した「全国一斉生活保護110番」にかかってきた本人からの電話だった。

「もう10年くらい、生活保護で入院生活を送っている。今はY病院に入院していて、月2300円が支給されている。けいれん発作の後遺症がだいぶ良くなったので退院できることになったが、福祉事務所から施設保護に変更すると強引に言われてしまった。本当はアパートを借りて生活したいのだが、何とかならないでしょうか」。

生活保護の代理申請の経験もなかった私は、待機していた経験豊富な支援者にアドバイスを受けながら、生活保護は居宅保護が原則なので本人がアパートでの生活を望むなら居宅保護になるはずであること、ただし、病気のために一人暮らしが無理との判断がされる恐れもあることを話した。堀田さんは、少しホッとしたような、でも、焦っているような口調で、

「病院には内緒なので、外の公衆電話からかけている。もう10円玉がないので、また連絡してもいいですか」。

私が自分の事務所名を告げ、電話番号を言おうとすると、堀田さんはメモがなくて書き留められない、事務所名で電話番号を調べ、手紙を書きますと言って電話を切った。

私は、堀田さんから果たしてちゃんと連絡が来るのか気にかかった。

(2) 居宅保護の代理申請

すると週明けの7月4日、事務員さんが、「変な手紙が届いています。『向坊先生』って誰でしょう?」と言いながら、手紙を渡してくれた。それはまさしく堀田さんからの手紙で、Y病院の住所からであった。私の名前は聞き間違えたらしいが（どう間違えたのか?）、事務所名は正しかったので、無事、手紙が届いたのだ。

私は早速、弁護士と告げずにY病院に電話を架け、折り返し電話がほしいと堀田さんへの伝言を頼んだ。すぐに堀田さんから電話があり、改めて事務所に来てもらう日時を約束した。同時に、大阪弁護士会人権擁護委員会ホームレス問題部会の創設者の一人である小久保哲郎弁護士に電話をし、代理人による生活保護申請書の書き方やポイントを聞いたうえで、本人に同行して緊急入院保護業務センターに生活保護申請に行く際、小久保弁護士にも同行してほしいと頼んだ。いまから思えば、自分も弁護士なのに甘えていたなあと思うが、それはいまだから言えること。そのときは、私にとってまったく未知の経験であり、堀田さんのためにも、やっぱり小久保弁護士にフォローを頼んでよかったと思う。

打合せの日、私は堀田さんの事情や現在の健康状態などを詳しく聞いた。

堀田さんは宮崎県生まれ。神戸の大学を卒業し、大企業に就職した。結婚し、2人の子どもに恵まれ、一戸建て住宅も購入した。ところが、50歳になったころ、同僚の運転する車に同乗していた際、大型トラックと正面衝突するという大事故に遭った。堀田さんは意識不明の重体に陥り、一時は葬式の準備が進められていたほどだった。数日後、幸いなことに堀田さんの意識は戻り、長期入院を経て何とか退院できたが、けいれんの後遺症が残った。それからは、会社に復帰したものの十分な仕事ができずに退職し、再就職した会社も倒産するなど不運が続き、とうとう失業者になってしまった。せっかく購入した一戸建ても手放さざるを得なくなり、家族とも折り合いが悪くなって、堀田さんは独り、家を出た。中之島で野宿していた堀田さんの、具合の悪そうな様子を区役所の職員が見とがめ、堀田さんは生活保護を受けて病院に入院することになった。その後は大阪の複数の病院を転々としながら、何と10年もの年月を病院の大部屋で過ごすことになったのである。しかし、やっと、けいれん発作の後遺症が軽減し、退院できる見込みとなった。そこで、生活保護の担当者に「アパートで一人暮らしをしたい」と伝えていたのだが、新しい担当者に替わり、いきなり施設保護になると宣言された。これまでプライバシーのない大部屋で10年も過ごしてきて、今度こそ静かな一人暮らしをしたいという気持に矢も楯もたまらず、たまたま目に入った「生活保護110番」に電話したのだという。

(3) もうひとつの相談

「それから……」と、堀田さんは私に言った。「もうひとつ、大事な問題があるんです」。

堀田さんには厚生年金の受給資格があり、60歳から受給できるはずだった。しかし、年金受給には住所が必要であるところ、病院を住民票上の住所とすることができず、年金の受給手続を取れないままになっていた。生活保護の担当者が言うには、まず、敷金の不要な施設保護を開始して住所を作り、年金の遡及受給をして、そのお金でアパートの敷金を払って居宅保護に切り替え、残額を生活保護法63条に基づいて返還すればよいとのことだった。また、年金を遡及受給できる金額は、過誤納もあって約250万円とのことであった。生活保護法63条とは、次のような規定である。

「被保護者が、急迫の場合等において資力があるにもかかわらず、保護を受けたときは、保護に要する費用を支弁した都道府県又は市町村に対して、すみやかに、その受けた保護金品に相当する金額の範囲内において保護の実施機関の定める額を返還しなければならない」。

つまり、堀田さんの場合は、3年前に年金が受給できていた＝資力が発生していたが、住所がないという事情によって実際には受け取れなかったので、やむを得ず生活保護で立て替えていたと考え、年金を実際に手にしたときに、その立て替え分を返還するように、という規定なのである。ただし、必ずしも全額とは限らず、「受けた金額の範囲内において保護の実施機関の定める額」と規定されており、生活保護手帳の別冊問答集にも、自立更生に資する場合は柔軟に考えることができる旨、定められている。しかし、返還額の決定はあくまで保護実施機関の裁量に委ねられており、実際には全額を返還させられる場合が多かった。

「私は、そのお金で税理士になる勉強をしたいんです」。

堀田さんは続けて言った。

「この先、私がまとまったお金を手にできるのは、この機会しかないんです」。

堀田さんは、またまた難しそうな問題を私に突きつけてきた。

(4) 居宅保護開始決定

ともあれ、作成した生活保護申請書を携え、小久保弁護士と共に同行申請した結果、構えていた割にはすんなりと、居宅での生活保護開始決定がおりた。堀田さんは、アパートに落ち着いた後、久しぶりに誰に遠慮することなく、一人で静かに本を読んだり勉強したりできるようになったと大変喜び、何度も手紙をくれたものである。

◉年金の受給

(1) 交　渉

そうこうするうち、いよいよ、厚生年金を遡及受給する日が近づいてきた。堀田さんは、11月15日に約250万円を受け取ることが決まり、同日に管轄の福祉事務所に同行し、この金額を63条に基づいて返還するのか、返還したくないならどうするのかを担当係長と話し合う面談のアポを取った。

私は小久保弁護士に相談しながら、11月15日の面談に備え、ペーパーを作成した。そして、そのペーパーのなかで、次の3通りの選択肢を示した（全額63条返還する選択肢は示していない）。

① 遡及受給額全額を63条返還せず、この収入があったことを契機に保護から脱却するために活用する。↓保護廃止

② 遡及受給額中、まだ揃えられていない生活必需品（本棚、整理ダンス、こたつ、掃除機、扇風機、電子レンジ等）の他に、上記予備校費用・テキスト代（約100万円）を控除し、残額を63条返還する。

③ そもそも遡及受給は生活保護法63条「資力」に相当しない。

11月15日、堀田さん、小久保弁護士、私の3人は、あらかじめ面談を申し込んでいた福祉事務所の担当係長を訪ねた。担当係長は、自分は公園に野宿者のためのシェルターを建設したときから生活保護の担当をしており、その

とき、200～300名もの居宅保護申請を受け付けた経験があると自己紹介してくれた。

そして、私が手渡したペーパーを読んで、自立心があるのはよいことなので、個人的には①（全額返還免除→保護廃止）か②（一部返還免除＋保護継続）でいきたいと思うが、福祉事務所内の全体会議にかける必要があるので、返答は少し待ってほしいと述べた。

係長は、全額免除→廃止にした場合、よく、お金を一度に使ってしまい、すぐに再申請に来る人がいるが、せめて月20万円までの支出に抑えてほしいが大丈夫かと訊ね、堀田さんは深く頷いていた。

面談後、緊張から解き放たれた堀田さんは、近くの古い喫茶店で、私と小久保弁護士にコーヒーをご馳走してくれた。堀田さんはコーヒーが大好きで、アパートの近くでもあるこの喫茶店でコーヒーを飲むのが楽しみなのだと言う。私と小久保弁護士は、面談の感触が良かったので、②（一部返還＋保護継続）でいけるかもしれないと予想を述べた。

(2) 返　答

5日後、私の事務所に福祉事務所の係長から電話が入った。

「全体会議でいろいろ意見はありましたが、結論として、全額返還免除ということになりました」。

私は、それを聞いて本当にびっくりした。係長は、おそらく全体会議で堀田さんのために意見を述べてくれたのだろう。堀田さんの喜ぶ顔が目に浮かび、私も本当に嬉しくなり、係長に心から感謝した。係長は言った。

「12月1日付けで保護が廃止となります。せめて1年くらいは保たせてほしいですね」。

堀田さんには月約7万円の年金もあるし、この250万円を使って税理士試験に合格すれば完全に自立できるわけであり、それを目指しているのだが……。

私はすぐに堀田さんに電話した。堀田さんは、自分が私たちに依頼したことなのに、何が起こったのか信じられないといった様子だった。250万円を使って税理士試験の勉強が思う存分できるんですよ、と私が言うと、堀田さんは、半年前、思い切って生活保護110番に電話を架けて本当によかったと言った。あのときは、また苦手な集団生活を強いられる施設保護から逃れたい一心だったのに、自分の部屋で静かに好きな勉強ができることになったのだから。堀田さんの言葉を聞いて、私も満足だった。

◉自立はできなかったが……

その後も堀田さんは、折に触れ、電話や手紙をくれた。

しかし、結局、堀田さんは、勉強に根を詰めるとけいれん発作が起こり、税理士の勉強を継続することはできなかった。そして、開放感からかパチンコに通い、250万円は無くなってしまった。もっとも、それ以外は規則正しい生活を送る堀田さんは、その後も年金だけの収入で生活を続けていたが、保護廃止から1年と少し経ったとき、どうしても目の手術をしなければならなくなり、再び生活保護を受けることになった。係長の予想の範囲だったかと思う。

この原稿を書くにあたって、堀田さんは滋賀県大津市の私の現在の事務所まで遊びに来てくれた。堀田さんはアパートで自炊し、パチンコを止め、毎日、近くの公園をジョギングしているという。この本ができたら送ってほしいとも言った。

堀田さんにとって、遡及受給した250万円を全額返還しないで済んだのは本当に良かったのだろうか、といまでも時々考える。でも、交通事故によってそれまで築き上げてきたものをすべて失った堀田さんが、もう一度、思うことにチャレンジできた。また、現在の堀田さんは、通院しながら、念願のアパートで自炊をし、ジョギングをし、根を詰めて勉強はできないものの、好きな本を読んで暮らせているのである。

あの日、生活保護110番に電話をかけた堀田さんの行動の結果、現在の堀田さんがあるのは確かなのだ。

私にとっても、本当に印象深い、良い出会いであった。

〔浮田　麻里〕

4 勝手に縁組、勝手に借金──暗躍する「戸籍の地面師」たち

◉身に覚えのない養子縁組、身に覚えのない借金

「山田さん、あなたの名前、鈴木に変ってますよ」。

山田和男〔仮名〕さん〔当時50代〕は、職員からそう言われて驚いた。長年、大阪城公園でテント生活をしていた山田さんは、大阪城仮設一時避難所〔通称「大阪城シェルター」〕に入所したばかりだ。入所にあたって職員が山田さんの住民票や戸籍を取り寄せたところ、会ったこともない４名もの人物と身に覚えのない養子縁組がくり返され、次々と名字が変わっていることが分かったのだ。養子縁組に先立って、住民登録もくり返し異動されていた。いずれも行ったことさえない場所で、なかには東京や岡山の住所もあった。

大阪城シェルターで生活するようになってしばらくして、山田さんのもとに今度は身に覚えのないサラ金業者からの督促状が届いた。シェルターに住民登録を移したため、業者に居場所が分かったからだと思われた。職員の協力を得て信用情報機関で調べてみると、山田さんは、４つの名字で合計10社のサラ金などから身に覚えのない借金

をされていることがわかった。

誰かが勝手に山田さんになりすまして住民票を移し、虚偽の養子縁組届をし、新しい名字で得た住民票や国民健康保険証を悪用して勝手にサラ金から借金をするということをくり返していたのだ。養子縁組をくり返すのは、名字が変われば、サラ金業者の登録上別人扱いとなって、新たな借り入れがしやすくなるからだ。

そういえば、公園でテント生活をしていたとき、山田さんは、中年の男から「住み込みの土木の仕事があるけどやらないか」と声をかけられたことがあった。何でもいいから仕事がしたかった山田さんは、「社会保険に入るのに住民票を移す必要がある」という男の説明に何の疑問も抱かず、住民登録地、本籍地、生年月日などの情報を紙に書いて渡した。男は、5袋入りのインスタントラーメンを渡してくれるなど親切だったが、それっきり姿を見せなくなってしまった。

◉「養子縁組弁護団」の結成

02年から04年にかけて、自立支援センター等における法律相談で次々とこのような相談を受けるようになった。とくに、大阪城公園では、特定の人物が多くの野宿者に組織的に声をかけていたため被害事例が多かった。大阪弁護士会人権擁護委員会ホームレス問題部会のメンバー11名は「養子縁組弁護団」を結成し、次々と来る事件を分担して受任した。被害者の数は、大阪城公園だけでも、すぐに10数名を超えた。

一度被害関係者10数名の縁組関係を一覧表に整理したことがある。AさんはBさんの養子になり、BさんはCさんの養子に、そして、CさんはAさんの養子にという具合に、ジグソーパズルのように「手駒」として組み合わせて行っている様子がよくわかった。

なかには、11名もの相手と養子縁組をされていた人、数千万円の住宅ローンを勝手に組まれて高級マンションを購入されている人、ロシア人と結婚させられている人、見知らぬ会社の代表取締役にされて銀行からの数億円に上る借金の連帯保証人にされている人もいた。

◉バブル時代には「地面師」といわれる犯罪者集団が暗躍

「地面師」とは不動産をあやつるサギ師集団だ。地面師たちは、印鑑証明を偽造したり、無断で改印届をして、登記簿上の所有者の名義を真実の所有者から別の名義に移す。そして、本人になりすまして、その土地を第三者に売却し現金を得るか、土地を担保に借金して、行方をくらます。ある日、真実の所有者が気づくと、自分名義のはずの土地がまったく知らない第三者の名義に変わっており、さらに転売されていたり、抵当権が設定されていたりするのだ。

山田さんたちが被害にあった事件は、「地面師」事件の戸籍版そのものだ。届出主義で実体審査がなく、本人確認もほとんどなされない住民登録や戸籍制度の盲点と、自動貸付機の簡易な審査でお金を貸し付けるサラ金業者の盲点。これを巧みに突き、本人になりすまして縁組届などを偽造し身分証明書を手に入れて、サラ金などから借り入れる。地面師は気付かれにくい高齢者の遊休不動産を狙ったというが、「戸籍の地面師」たちも気づかれにくく声を上げにくい野宿者たちを狙ったのだ。

◉養子縁組無効確認手続きなどによる被害回復

勝手に「鈴木」という名前にされてしまった山田さんとしては気持ち悪くて仕方がない。当然、元の自分の名字に戻りたいし、4回も実態のない養子縁組をしたことになっている戸籍もきれいにしたい。そのためには、調停や訴訟で縁組無効の確認をしたうえで、「戸籍の再製」という手続きをとれば、ほぼ元の戸籍の状態に戻すことができる。

縁組や結婚などの身分関係の手続きは「調停前置主義」といって、訴訟の前に家庭裁判所に調停という話し合いの手続きを申し立てる必要がある。この調停手続きに相手方が出頭してくれて、「自分も身に覚えがないから縁組はなかったことにしてほしい」と言えば、「合意に代わる審判」が言い渡され、戸籍を元に戻すことができる。

この種の事件では、相手方も皆野宿者で被害者であるが、野宿を脱却し生活保護を受けていて呼び出しに応じる相手方がごく稀にいる。しかし、多くの場合は、まだ野宿しているからだろう、呼び出しても出頭しない。

その場合には、縁組無効確認の訴訟をすることになる。相手方不出頭のまま判決を言い渡してもらうためには、「公示送達」という手続きをとる必要がある。「公示送達」というのは、相手方の住所や居場所がわからないときに、一定期間裁判所の掲示板に掲示することなどによって訴状が相手方に送達されたものとみなす制度だ。したがって、「公示送達」の手続きをとってもらうためには、相手方の住所や居場所がわからないことを証明する必要がある。そのために、相手方の住民登録地に実際に行ってみて、呼び鈴を鳴らし、郵便受けのなかを覗き、隣人に聞きこみをし、管理会者に問い合わせするなどして、そこに相手方が住んでいないことを確認する。その内容を現地の写真と一緒に報告書にして裁判所に提出するのだ。

この現地調査は、手続のなかで一番厄介で（私はやむをえず東京や岡山にも行ったことがある）、一体どんな展開になるかわからないので緊張する作業だ。ある相手方の所在調査で、市街地にある一見オフィスビルらしきビルに調査に行ったところ、出入りする人が皆その筋の人っぽくて違和感を感じたことがあった。正門からビルの入口までのエントランスの両側に小さな池があり錦鯉が泳いでいたのはよいとして、定礎の石碑の横に「根性」と大書された石碑があるのに気づいたとき、違和感の正体がわかった気がした。

いずれにせよ、当初は、私たちも不慣れであったため、こうした手続きをすべて踏んでいた。しかし、裁判所に同種事件をどんどん持ち込むうちに裁判所の理解も深まり、相手方が特に出頭する見通しがないケースは調停を経ずにいきなり訴訟をしても良いようになった。また、相手方住所地の現地調査も必ずしも不可欠ではなくなった。

一方、身に覚えのない借入れをされているサラ金や金融機関との交渉も必要だ。この処理はさほど難しくなく裁判までする必要はない。犯罪者集団に住民票や戸籍を悪用されて、勝手に借入れをされたものだから、借入書面は偽造であって本人は債務を負わないという通知を送れば、請求は止まる。縁組無効の判決が出れば、その写しをサラ金業者や金融機関に送れば完璧に文句は出なくなる。

◉残された課題――腰の重い行政と警察

このように個別事件の事後救済については一定の処理手順が確立された。しかし、同種事件を根絶するためには犯罪者集団の摘発が欠かせない。

養子縁組弁護団では、一定の事件処理の蓄積ができた04年10月、虚偽の養子縁組届が提出された関西の10自治体に対して、①被害者とともに刑事告訴をすることと、②再発防止策の整備を求める要望書を提出するなどした。大阪市本庁の担当者らとは直接面談し話し合いの機会も持った。しかし、いずれの自治体も告発については慎重姿勢であり、率直に言って取りつく島もない反応だった。

さらに、弁護団では、06年3月、とくに証拠が豊富で事案も悪質であると思われる被害者らのケースについて、大阪府警本部に詐欺罪で刑事告発をした。何度も足を運んだ結果、府警本部は、告発を受理し、所轄警察に事件を割り振るなどして一定の捜査に着手したもようであるが、残念ながら結局1件も立件には至らなかった。

詐欺事件の被害者はサラ金や金融機関だが、サラ金業者は、1件あたり数十万程度にすぎないので、手間をかけて告訴するより損金処理したほうが早いと考えるようだ。銀行などは、被害額が大きくても、審査能力がないボンクラであることを世間にさらしたくないと考えるからか、いずれにせよ刑事告訴には消極的だ。営利を目的とする彼らが、こうした理由から消極的であるのは理解できなくもない。しかし、行政機関や警察が消極的であるのは解せない。そこには、「どうせ実質的な被害者はホームレスなんだから大した事件じゃない」という拭い去れない偏見が横たわっていると感じるからだ。

いずれにせよ、犯罪者集団の摘発という目的を達せなかったのは、マスコミと連携して事件を社会問題化するなどの戦略が乏しかった、当時の私たちの力不足でもある。いまでも、大阪で、全国で、「戸籍の地面師」たちは安穏と犯罪をくり返しているに違いない。いつか雪辱を果たさなければならない。

〔小久保哲郎〕

5 囲い屋という新たな問題

◉悲痛な転居願

「今住んでいる部屋から転居させてほしい、部屋はなんとか見つけるから」。

堺市内の住宅密集地、3階建てコーポ型ワンルーム、坂本雄太〔仮名〕さんがこの部屋に住むようになって約1年が経過していた。

担当ケースワーカーは、「敷金は出せません」「弁当のことは業者さんと相談してください。民間と民間の契約には役所は関与できません」と応じていた。

のちに取り寄せた、被害者のケース記録に残るやりとりである。

また、この部屋に来て半年ほどが経過したころ、家庭訪問にきた高齢者世帯訪問員の記録にも「宅配弁当（1日

2回、月53000円）をやめたいという訴えがある。金額が高く、家賃と弁当代、光熱費等を払うと手元にお金が残らないし、弁当の内容は揚げ物が多く味が濃いため、持病の糖尿病に悪いという。面談中に、同じマンションに住む田坂浩二さん（仮名）が加わり同じ訴えがある。2人とも弁当はやめたいが、（業者名）との関係悪化を考えると強くは言えないという」とある。

囲い屋被害の拡大の一端に、福祉事務所の業者に対する依存的な態度が色濃く窺える。

坂本さんは、その後も諦めることなく、役所に被害と転居したい旨の訴えをくり返していた。坂本さんの思いが通じたのか、ケースワーカーは坂本さんの転居のための準備に入ることを了解している。

しかしながら、ある日、業者が坂本さんを連れて役所に現れた。業者は、坂本さんの担当ケースワーカーに「転居の話はなくなりました」と言い残し帰って行った。

「勝手に引越ししようとしやがって」、業者の人間が坂本さんに投げつけた言葉である。この機会を逃した坂本さんは、さらに3年間、「ただ生きていただけ」と語る被害状況のなかで生活を送っていた。

◉薄っぺらい恩で重い足枷

坂本さんは、大分県出身、両親を早くに亡くし、小学校卒業して地元で働いた。19歳のときに神戸に出てきて、以降、サラリーマン、荷役労働者、建築関係、引越会社などの仕事を長く務めてきた。西成をホームタウンとして、全国の飯場をわたり歩いてきたが、50代半ばで糖尿病を患い、入院生活を送っていた。退院後も日本橋で部屋を借りて、地下街の清掃パートなどを行っていたが、失職し、野宿生活に陥った。

野宿生活を送っていたころ、夜になると、野宿地に来ては「生活保護受けんか。あんたが一人で行ったたって通らんが、俺らがついていったらすぐ通る」「風呂もある、弁当もつく、小遣いもやる。どうや」と声をかけていくグループが現れた。

最初は相手にしなかったが、2回、3回と声をかけてくるようになり、時に、にぎり飯を持ってくることもあった。畳の上の生活が恋しかった。坂本さんは、少しずつその男たちの話に関心を示すようになった。

高齢に達していた坂本さんは数度目の勧誘に応じた。翌日、業者の男性が運転するワンボックスカーが野宿地に坂本さんを迎えに来た。車内には、自分と同じ、野宿生活者が数人、乗っていた。数人の野宿生活者と一緒に連れて来られたのは、業者の事務所だった。そこで業者の男性から、数枚の書類を示されて、内容の確認もする余裕のないまま署名するようにと指示された。

業者の男性は、「アパートで1日2食弁当が出る、わしら弁当屋で配達するのが仕事や。ガソリン代やいろいろな経費がかかるので毎月サービス料をとる」と言われた。「ボランティアではなかった」のだ。

坂本さんは、弁当をとり続けることがアパートで生活できる条件だと受け止め、これを断ったら、野宿生活に戻らなくてはいけない、布団で眠りたい一心で署名した。

のちにわかったのは、業者を貸し主とした、堺市の住宅扶助上限額を賃料とした賃貸借契約書と月額53000円という金額の入った補助代行サービス契約書、それと、「私は、(業者)の保証を請け、補助代行サービスの提供をお願いします。上記誓約を履行しない場合は即座に退去致します」と記載された誓約書、通帳・カードの預託と引き出しの一切を業者に依頼するという確認書などだった。

野宿から拾い上げられたという薄っぺらい恩を着せられ、同時に、重い足枷がつけられた瞬間だった。

◉回収される保護費

その後、事務所で布団が渡され、堺市内のワンルームアパートに案内された。翌日の朝9時、業者の男性が、坂本さんらを車で迎えに来て、4～5名が一緒になって役所に行った。生活保護の申請は複数人が別々のブースで行ったが、業者の男性が度々坂本さんの申請手続にも顔を出した。

業者の男性から「堺東駅前で野宿していた」と説明するように、と言われた。事実、ケース記録には「堺東駅周辺に居たところ」と記録されている。手続はすぐに済んだ。坂本さんは、事前に話がついているように感じたと述べている。保護費の受取りにも、業者が用意した車2台に乗り込んで役所に行った。保護費を受け取った後、すぐに封筒ごと回収された。そこから2万円ほどの現金を受け取った。業者の男性が「一人足りないぞ」と声を上げた、業者の悪意に気付いた一人が逃げ出したのだ。

1週間ほどすると、業者の人間から、4～5名で車に乗るよう指示を受けた。銀行に通帳を作りにいくと聞かされた。連れて行かれた銀行は、居住地近くの支店ではなく、別の市の支店だった。どうしてこんなに遠くまで連れてこられるのかわからなかった。

ただ、言われるがままに、名前を書いた。暗証番号はみな「1000」に統一されていた。通帳とキャッシュカードは以降、業者に管理されていた。アパートでの生活を始めてから、午前11時頃と午後3時頃の1日2回、弁当が届く。「まずい」「ご飯はパシャパシャでのどを通らない、冬はかちかち」「天ぷら揚げ物、毎日同じもの」「食べられず捨てることもある」「こんな弁当、喜んで取っている人はいない」と坂本さん。弁当は、コーポの直射日光があたる廊下の箱のなかに入れられているので、夏場は早く取りに行かないと異臭を放つこともあったという。そのため坂本さんは、手元に残った僅かな現金で、総菜などをスーパーの安売りで買ってきて空腹をしのいでいた。

補助代行サービスに謳われている、「病院送迎」や「生活基盤安定のための支援」などを受けたことはなかった。交通事故に遭って、救急車で病院に搬送されたときに電話連絡してもまったく何もしてくれなかった。

◉囲い込み被害の発見

03年頃から、生活保護や野宿生活者をターゲットにし、保護費の大部分をピンハネして利益を上げる、囲い屋被害が発生し始めた。貧困層をターゲットにしていて、かつ貧困層からの脱却に資することなく貧困を固定化する、いわゆる「貧困ビジネス」として大きな社会問題となっているのだ。

社会福祉法上、このような事業は、第2種社会福祉事業（社会福祉法2条3項1号）と位置づけられるべきものであり、本来は、事業開始後、1ヶ月以内に事業経営地の都道府県知事（政令市であれば市長）に対して届出を行う必要があるとされているが、業者の多くは、無届けだ。

また、問題は関西だけに特有の問題ではなく、全国で同種の貧困ビジネス被害が報告されており、たとえば、関東や東海地方では、大規模な無料低額宿泊所に数10名もの野宿生活者を囲い込み、生活保護の申請に同行し、宿泊代や食費と称して保護費のほとんどを回収するなどの事業が横行していることが報告され、刑事告訴やピンハネされた保護費の返還を求める裁判が起きている。

◉囲い屋対策

09年12月、囲い屋被害に遭っている生活保護受給者の支援を行うため、弁護士・司法書士からなる「関西囲い屋対策会議」が立ち上がる。

「囲い屋被害」フリーダイヤルホットラインを行い、坂本さん達のような被害相談に対応しているのだ。被害相談を受けて、本人たちに会いに行き、生活補助サービスの解約と保護費の管理の奪還、や冒頭のやりとりのような対応を示す福祉事務所との転居支援の交渉などを行っている。

また、大阪弁護士会は、この問題について、全国に先がけ、10年3月30日、自治体と囲い屋業者に対して、人権救済勧告および要望を出している。自治体に対し、囲い屋被害の実態把握を進め、被害者が転居を希望している場合には、転居のための敷金を支給するなど、転居の実現に向けた有効な援助を行うよう勧告し、また、業者に対し、調査を実施し、悪質な事例に対しては経営の制限又は停止を命令するなど、適切にその権限を行使するよう求めるものだ。この勧告が出た効果はとても大きく、大規模な囲い込みを行っていた業者は、同市からの事業撤退を表明した。

さらに、国でも、貧困ビジネス対策は大きな問題だ。厚生労働省は、10年5月21日、「無料低額宿泊施設等に関する生活保護の運用改善について」と題する厚生労働省社会・援護局保護課長名義の事務連絡を発し、囲い屋被害について、敷金と移送費（引越費用）を支給できることを明確化したのだ（10年6月1日より適用）。

大阪市は、09年9月、生活保護行政特別調査プロジェクトチームを設置し、貧困ビジネス対策をひとつの柱として対策に乗り出している。

福祉事務所の窓口で、同行する支援者と申請者との切り離しを図るため、居宅生活移行支援事業を開始させたのである。この評価は、「疑わしきは貧困ビジネス」的荒業であり、良心的な同行支援者や不動産業者までも排除するものだとの批判もあるところだ。

おそらく、対症療法として一定の効果が出た後に、速やかに、ケースワーカーの増員など福祉事務所の機能強化、生活困窮者向けの住宅整備など社会資源の確保、適正な賃料や支援を必要とする人たちへの支援のあり方など基準の明確化など本質的な取り組みが行われてはじめて評価できるものとなるのであろう。

〔普門　大輔〕

第7章

法律扶助制度

「弁護士費用等を支払う資力のない生活困窮者が弁護士等による法的支援を受けられるようにするのが法律扶助の目的である。それなら、最も生活困窮状態にある野宿者は、法律扶助制度を当然に利用できるはずである。ところが実際には、野宿者が法律扶助を利用できないという信じられない事態が過去に起きていた。」

本文より

弁護士による支援

法律家が野宿者を支援するために

弁護士　安永　一郎

◉法律扶助制度とは

法律扶助制度は、弁護士、司法書士の報酬や実費などを支払う資力のない者に対して、その費用を無利息で立替える制度である。

従前は、民事法律扶助法に基づき財団法人法律扶助協会が法律扶助事業を行っていた。しかし、同法廃止と総合法律支援法の制定により、06年10月からは独立行政法人日本司法支援センターが、事業を引き継いで実施している。

弁護士費用等を支払う資力のない生活困窮者が弁護士等による法的支援を受けられるようにするのが法律扶助の目的である。それなら、最も生活困窮状態にある野宿者は、法律扶助制度を当然に利用できるはずである。

ところが実際には、野宿者が法律扶助を利用できないという信じられない事態が過去に起きていた。

1 「ホームレス自立支援法律扶助事業」の生成と発展

◉大阪弁護士会による野宿者に対する法的支援の開始

00年12月、近畿地区の弁護士会の連合体である近畿弁護士会連合会は、第21回人権擁護大会で「ホームレス問題と人権」をテーマにシンポジウムを開催し、弁護士、弁護士会によるホームレスの人びとへの無料法律相談体制の確立の必要性を宣言した。これは、弁護士会が野宿者問題は憲法25条で保障された健康で文化的な最低限度の生活を営む権利や憲法13条の個人の尊厳が侵害された重大な人権問題であるという認識をし、野宿者の人権擁護のための法的支援を全国ではじめて宣言したものであった。

この宣言を受け、01年3月、大阪弁護士会は人権擁護委員会内に野宿者問題プロジェクトチーム（のちのホームレス問題部会）を設置した。この野宿者問題プロジェクトチームは、01年7月から大阪市が設置した市内3ヶ所の野宿者のための自立支援センター（おおよど、よどがわ、にしなり）で試験的に入所者に対する法律相談を開始し、02年8月からは定期的に法律相談を実施するようになった。大阪弁護士会による自立支援センターにおける法律相談は、弁護士会が実施する野宿者の自立支援（社会復帰支援）事業としては国内初の画期的な取り組みであった。

自立支援センター3ヶ所における入所者に対する法律相談の相談内容の実に9割は借金問題、いわゆる多重債務問題（02年8月から05年3月までの相談件数396件のうち87.6％の347件が多重債務問題）であった。これは、多くの野宿者が野宿に至った原因として失業により収入を失ったり、また真面目に働いても十分な収入が得られなかったため、生活費の不足分を高金利の消費者金融業者からくり返し借り入れた結果、返済できなくなって金融業者からの厳しい取り立てから逃れるため夜逃げし、野宿に至ったという実態を浮き彫りにするものであった。そして、自立支援センター入所者である野宿者が社会復帰するためには、多重債務問題の解決が必要不可欠であることを明らかにした。野宿者が自立支援センターに入所して、就職先をみつけて安定収入を得てアパートに居住できるようになったとしても、アパートに住民票の住所登録したとたんに消費者金融業者が借金の取り立てに来るため、再び夜逃げしなければならなくなるからである。

多重債務問題を法的に解決するのに最も有効な手段に自己破産申立がある。裁判所に自己破産申立をして、法律上債務の返済をしなくてもよくなる免責決定を受ければ、金融業者からの借金の取り立てから逃げなくて済むようになるからだ。しかし、野宿者であった自立支援センター入所者が、自分で裁判所に自己破産申立手続をすることは困難であり、弁護士、司法書士に申立手続を依頼する事が必要となるが、元野宿者には弁護士、司法書士に報酬を支払えるような資力はなく、弁護士費用の立替払いの制度である法律扶助の利用が必要不可欠であった。

◉野宿者には利用できなかった法律扶助

02年当時、法律扶助事業は財団法人法律扶助協会が行っていたが、法律扶助申込みの必要書類として住民票（写）を提出しなければならなかった。ところが、自立支援センターの入所者は公園等で野宿生活をしていた間に、住民票上の住所に居住していないことを理由に、自治体によって住民登録を職権で消除されていることが多く、住民票（写）を提出することができなかった。また、当時、多重債務による自己破産申立事件についての法律扶助の申込みが急増していたため（02年度で年間2万2０００件を超えていた）、法律扶助協会は、財政上の理由から自己破産申立事件の法律扶助について、全国50支部のうち29支部が生活保護の受給者に限定したり、もしくは生活保護受給者でない場合は、扶助決定時に立替金の4分の1程度をただちに償還できる者に利用を制限していた。そのため、法律扶助協会大阪支部においても、自己破産申立についての法律扶助は生活保護受給者に限られていた。

大阪市内の自立支援センターは、入所者に無料で宿所や食事を提供しているが、生活保護法上の施設とはなっていない。そのため、入所者は自立支援センターから歯医者等に通院するために、生活保護法の医療扶助を受けているような場合を除いては、生活保護受給者にはなっていなかった。また、法律扶助制度は、法律扶助協会が扶助申込人に代わって弁護士費用等を無利息で立替払いをする制度であるため、法律扶助利用者は法律扶助協会に対し、立替えてもらった弁護士費用等を分割払いで償還（返済）しなければならない。

ところが、野宿者であった自立支援センター入所者は、法律扶助協会に対し立替えてもらった弁護士費用等を分割であっても償還（返済）できるような経済的余裕はなかった。また、大阪市内の自立支援センターでは、入所者は最大6ヶ月の在所期間中に就職して、その給料でアパートを借りるための敷金等や当面の生活費の自立資金を貯蓄したうえで、退所するという制度になっていた。そのため、入所者が就職し収入があったとしても、そこから法律扶助協会に対して償還させることは自立資金の貯蓄が遅れ、自立資金が不十分なうちに退所期限がきて退所しなければならない事態を生じさせるおそれがあった。

かように、自立支援センター入所者の自己破産申立について、法律扶助が実質上利用できない状態では、弁護士が入所者の代理人となって自己破産申立手続をして、入所者の多重債務問題を実際に解決することができず、自立支援センターで大阪弁護士会が法律相談を開始した意味をほとんど失わせるものであった。

◉ホームレス自立支援扶助事業（自己破産申立手続援助）の創設

02年8月、大阪弁護士会は、自立支援センター入所者の社会復帰の阻害要因となっている多重債務問題を解決するため、法律扶助協会大阪支部に対し、自立支援センター入所者については自己破産申立の法律扶助について特例的措置をとるよう要望した。

この要望を受け、02年10月、法律扶助協会大阪支部は「ホームレス自己破産申立手続援助に関する取扱準則」を定め、自立支援センター入所者についての自己破産申立の法律援助についての特例措置をとるようになった。

その内容は、次のようなものだった。

①自立支援センター入所者の法律扶助の申込みについて、住民票がない者については、自立支援センター発行の在籍証明書で代用できるとしたこと。

②自立支援センター入所者については、生活保護の受給者でなくても、自己破産申立についての法律扶助が利用できること（自立支援センターの在籍証明書を資力のないことの証明書とする）。

③自立支援センター入所者については、法律扶助協会の立替えた弁護士費用等の償還（返済）を原則として扶助事件の終結まで猶予すること（原則償還猶予）。

④扶助事件終結時においても、自立支援センター入所者に収入がない場合には、償還を免除すること（その場合自立支援センターが発行する当該入所者の資力に関する証明書をもって償還できる資力のないことを確認する）。

当時でも財団法人法律扶助協会の内規には、生計困難者に対する償還猶予・免除の制度が規定されていたものの、実際には適用されたことがなく実務上は死文化していた。この法律扶助協会大阪支部の自立支援センター入所者に対する特例措置は、死文化していた償還猶予・免除制度に初めて実務上息を吹き込んだ点において、画期的内容であり、野宿者に対する弁護士等による法的支援の拡大を強力にバックアップしていく契機となるものであった。

◉大阪におけるホームレス自立支援扶助事業の対象者の拡大

大阪弁護士会によるホームレス自立支援事業（社会復帰支援事業）としての法律相談は、大阪市内３ヶ所の自立支援センターだけでなく、04年頃には女性の野宿者が入所している社会福祉法人大阪婦人ホームや大阪市の設置した大阪城仮設一時避難所の入所者まで次々とその対象を広げていった。

それにともない法律扶助協会大阪支部のホームレス自立支援扶助事業の対象者も大阪婦人ホームや大阪城仮設一時避難所の入所者まで拡大されていった。

その結果、各施設の入所者の自己破産申立について03年度は59件、04年度は75件の扶助決定がなされ、元野宿者の社会復帰に大きな役割を発揮していったのである。

◉ホームレス自立支援扶助事業の全国的広がり

法律扶助協会大阪支部で自己破産申立についてのホームレス自立支援扶助事業が開始されたことを契機として、法律扶助協会東京支部や札幌支部でも、野宿者の自己破産申立の法律扶助について住民票を必要とせず、扶助事件終了まで立替金の償還を原則猶予し、事件終結時には生活状況を考慮し償還を免除するという特例措置をとるようになるなど、法律扶助協会各支部によるホームレスの社会復帰支援の動きが拡大していった。

これについては、東京、札幌等で野宿者に対する法律相談を実施してきた司法書士を中心とする法律家グループの役割が大きい。

2 生活保護申請と法律扶助

◉法律家による生活保護申請援助の必要性

野宿生活が健康で文化的な最低限度の生活でないことは誰の目からみても明らかで、野宿者に対しては当然に生活保護の適用が認められるはずである。生活保護によって、アパートを借りるための敷金、家賃（住宅扶助費）、家財道具代、布団代や生活費を支給されれば、野宿生活から容易に脱却できる。

ところが行政は02年当時、野宿者には住所や住居がないとか、65歳未満であれば稼働能力があるという理由だけで、野宿者に対して生活保護の適用をなかなか認めようとはしなかった。とくに大阪市は、野宿者に対する自立支援策は自立支援センターに入所させることに重点を置いていたため、生活保護の適用に消極的であった。そのため、野宿者が生活保護の申請に行っても住所がないとか、働く能力があるから等の理由で福祉事務所の窓口で違法に保護を拒否され追い返されていた。

かような、福祉事務所による野宿者に対する生活保護の違法な拒否を防止するには、弁護士等の法律家が野宿者の生活保護申請の代理人となったり、申請に同行したりして福祉事務所に生活保護法を遵守させることが最も効果的であった。しかし、野宿者が弁護士に生活保護申請の代理人として依頼したり、司法書士に生活保護申請書類を作成してもらい同行してもらうための費用等を支払う資力はなく、法律扶助の適用が必要不可欠となっていた。

◉生活保護に関する法律扶助事業の創設

法律扶助協会の法律扶助事業は、民事法律扶助法（平成12年法律第55号）に基づくものであった。同法2条によれば、民事法律扶助事業の対象は「裁判所における民事事件、家事事件又は行政事件に関する手続や、それに先立つ和解交渉で特に必要と認められるもの」に限られていた。そのため、生活保護申請のような裁判所における手続でなく、行政庁に対する手続は法律扶助協会が本来の事業として実施していた民事法律扶助事業の対象とはなっていなかった。

そこで、大阪弁護士会人権擁護委員会野宿者問題プロジェクトチームは、法律扶助協会大阪支部に対し、野宿者が福祉事務所の窓口で違法に追い返されるのを防止するには、弁護士がその生活保護申請の代理人となることが必要であり、そのために生活保護申請についても法律扶助を拡張すべきであると強く訴えた。

その結果、03年9月、法律扶助協会大阪支部は、民事法律扶助法に基づく本来の扶助事業とは別に大阪支部の自主財源を使用した自主事業として、生活保護申請について弁護士が代理することについての法律扶助を創設した。この自主事業は、大阪支部が全国で最初に開始した画期的事業であった。また、04年2月、法律扶助協会大阪支部は、野宿者が生活保護申請を福祉事務所に却下された場合の不服申立である審査請求や再審査請求についても、自主事業として法律扶助を拡大した。

その後、法律扶助協会では、大阪支部と同じく野宿者支援を目的として、05年に東京支部が、06年に札幌支部が生活保護申請や審査請求等についての法律扶助を自主事業として開始していった。さらには、埼玉支部、千葉支部も同様の自主事業を創設していったのであった。

◉各支部の生活保護申請等の扶助制度の相異点

大阪、東京、札幌、埼玉、千葉の各支部における生活保護申請等に関する自主事業の内容は各地の実情に応じて差異があった。

大阪支部では、大阪弁護士会が自立支援センター等での法律相談を事業化したのに合わせて、自主事業を創設した経緯があるため、扶助の対象は自立支援センター等の法律相談で弁護士が受任した生活保護申請の代理やその不服申立（審査請求）に限られていた。また、扶助利用者は、大阪支部に立替えてもらった弁護士費用については、原則として償還しなければならなかった。そのため、大阪支部では全国に先駆けて制度を作ったにもかかわらず、利用者は少なかった。その後、大阪支部では、05年3月に生活保護申請等についての扶助対象者を大阪弁護士会の実施する法律相談を経た高齢者、障害者にも拡大しているが、利用件数の伸び悩みに変化はなかった。

東京支部では、司法書士が中心となって野宿者の法律相談活動や自立支援活動をしていた経緯から、司法書士による援助も対象としていた。扶助利用者による立替金の償還が原則として不要されていた点でも大阪支部より利用しやすい制度となっていたが、「ホームレスの多重債務事件等の司法手続に関連して生活保護受給などの行政処分の申立又は不服申立等の手続が必要であること」を扶助の要件とする限定が付されていた。

札幌支部では、ホームレス自立支援施設等の入所者や退所者だけでなく、受任弁護士や司法書士が扶助申込前6ヶ月までホームレス生活者と認めた者まで対象者が拡大された。

埼玉支部では、ホームレスの人びとに限らず「生活保護の受給要件を満たすか、今後の処理により満たす蓋然性が高い自然人」を広く援助対象としており、司法書士の援助も受けられ、償還も原則として免除されるなど最も利用しやすい制度になっていた。

千葉支部は、埼玉支部の扶助要件に「本人申請が困難又は拒絶された事案」であることという要件が付加されており、また司法書士の援助は対象となっていなかった。

3 日本司法支援センター発足後の法律扶助

◉日本司法支援センターによる自己破産申立の法律援助事業

04年6月、総合法律支援法（平成16年法律第74号）が施行されるとともに、民事法律扶助法が廃止された。それにともない07年3月末に㈶法律扶助協会が解散し、総合支援法に基づき設立された独立行政法人日本司法支援センターが民事法律扶助事業を承継した。

法律扶助協会の大阪、東京、札幌の各支部が実施していた野宿者に対する自己破産申立の法律扶助に関する特例措置は、日本司法支援センターには引き継がれなかった。

しかし、日本司法支援センターでは、法律扶助の申込みに際し、住民票（写）の提出をすることが困難な特別の事情があるときは、申込者の住所又は居所および本籍を確認することができるその他の書面によることができるとされている。それゆえ、住民票の住所登録が自治体により職権で消除されていて住民票（写）の提出ができない場合には、「住民票（写）の提出をすることが困難な特別な事情」があるものとして、自立支援センター入所者であればその在籍証明により代用することが可能であると考えられる。

なお、裁判所の実務手続上、自己破産申立については日本人であれば、本籍地の記載のある住民票の提出（外国人の場合には外国人登録証明書）が必要とされているから、野宿者の自己破産申立を裁判所にするまでには、居住所である自立支援センター等の住所を住民登録しておかなければならないことに留意すべきである。

日本司法支援センターでは、法律扶助協会当時のように自己破産申立事件について、生活保護受給者に限る等の制限はなくなり、扶助の要件である資力基準に定められた一定の収入や資産額以下であれば法律扶助が受けられるようになった。

法律扶助協会大阪支部では、自立支援センター入所者等については、扶助事件終結まで立替金の償還が猶予され、事件終結時に収入がなければ償還が免除されていた。この自立支援センター入所者等に対する特例処置は、日本司法支援センター大阪地方事務所に直接的な形では引き継がれてはいない。

しかし、日本司法支援センターの業務方法書では、生活保護の適用を受けている者や、それに準ずる程度に生計が困難である者については（業務方法書32条）、地方事務所長が事件進行中償還を猶予するのが相当であると認めるときは（業務方法書33条）償還を猶予できるとされている。この業務方法書の規程を弾力的に運用することにより、日本司法支援センター大阪地方事務所においては、自立支援センター入所者については生活保護受給者に準じる程度に生計が困難であり、事件進行中償還を猶予するのが相当であるとして、事件終了まで償還を猶予されている。

なお、日本司法支援センター大阪地方事務所は、全国に先駆け09年4月1日以降、生活保護受給者については自己破産申立等多重債務事件を含めたすべての扶助事件について、事件終結まで職権で立替金の償還を猶予する取扱いを開始した。そして10年1月からは、全国の日本司法支援センターにおいて、生活保護受給者については、自己破産申立等多重債務事件を含めた扶助事件すべてについて原則として事件終結まで立替金の償還が猶予され、事件終結時においても生活保護を受給している場合には、事件相手方等から経済的利益を得た場合を除き、償還が免除される取扱いになった。

◉日弁連の生活保護申請等委託援助事業

日本司法支援センターの実施する民事法律扶助事業の対象は、裁判所における民事事件、家事事件または行政事件に関する手続及びそれに先立つ和解交渉で、とくに必要と認められるものであって（総合法律支援法4条、30条1項2号）、生活保護申請等行政庁に対する行政手続は含まれない。

法律扶助協会においては、本来事業としての民事法律扶助事業の対象に生活保護申請等の行政手続が含まれていなかったことから、大阪、東京、札幌、埼玉、千葉の各支部は、支部の自主財源による自主事業として行っていたのは前述の通りである。これら、法律扶助協会の支部が行っていた生活保護申請等の自主事業は、そのまま当然に日本司法支援センターに引き継がれるものではなかった。

しかし、小さな政府の名の下に社会保障費が抑制され、福祉事務所が野宿生活者をはじめとする貧困者の生活保護申請を違法に受け付けずに窓口で追い返す、いわゆる「水際作戦」を防止するためには、弁護士が代理人となって生活保護申請を援助し、憲法の保障する生存権を守ることが弁護士会の使命といえる。

そこで、日本全国の弁護士会の連合体である日本弁護士連合会は07年4月から自ら生活保護申請等についての法律扶助を開始した。そして同年10月からは、総合法律支援法30条2項に基づいて、日本司法支援センターに生活保護申請等についての法律扶助業務を委託した。これは、日本弁護士連合会が、その会員から会費として集めた資金等から日本司法支援センターに費用を支払って生活保護申請の法律扶助業務をしてもらうというものである。

◉日弁連生活保護申請等委託援助事業の内容

この扶助事業は、07年10月から開始されたが、日本弁護士連合会が費用を負担しているため、弁護士による生活保護の開始や変更の申請代理および審査請求や再審査請求の代理についての弁護士費用の援助に限られており、司法書士等による援助は対象となっていない。

その一方、援助の対象となる者は日本における貧困問題の深刻化を受け、野宿者に限らず、次のように、かなり広げられている。

⑴ 扶助の対象者は生活保護の受給資格を有するにもかかわらず、受給に困難をきたしている者又は適法な理由に基づかず、生活保護を停止、廃止されるおそれのある者等であって、次の①②③④のいずれかに該当する者が対象となる。ただし、弁護士会（弁護士会が地方自治体と協力して実施する場合を含む）において、実施する法律相談、民事法律扶助による法律相談、日弁連委託援助契約をしている弁護士による法律相談の結果、人道的見地から弁護士による援助を行う緊急の必要がある者に限られる。

①高齢者（年齢65歳以上の者）。

②障害者（身体障害者、知的障害または精神障害があるため、継続的に日常生活または社会生活に相当な制限を受ける

者)。

③ホームレス(都市公園、河川、道路、駅舎、その他の施設を故なく起居の場所とし、日常生活を営んでいる者)。

④その他精神的、身体的病気、施設入所中であること、安定した住所を有しないこと等のため、生活保護申請を自ら申請することに困難をきたしている者又は適法な理由に基づかず申請を拒否された者。

(2)なお、扶助の対象となる者は生活保護の受給資格者でなければならないから、収入、資産は生活保護の受給資格を有する基準を満たす者でなければならない。

そして、扶助の対象となるのは弁護士に依頼する必要性があり、かつ相当性があることが求められている。

◉日弁連生活保護申請等委託援助事業の援助額と償還の要否について

援助利用者に対しては、生活保護申請手続等の代理援助では弁護士報酬5万2500円(消費税込)と実費費用5000円(消費税込)が、審査請求の代理援助では弁護士報酬10万5000円(消費税込)と実費費用5000円(消費税込)が代理弁護士に直接支給される形で援助される。

なお、生活保護申請等の弁護士の代理援助は援助が成功し、被援助者が生活保護を受けても「最低限度の生活費」が得られるだけに過ぎないため、被援助者に弁護士費用等の償還を求めることは被援助者に最低限度以下の生活を強いることになる。そのため、被援助者が特に負担を希望する場合を除き、弁護士費用等の負担を求めない給付制になっている。

4 民事法律扶助事業の抜本的改革の必要性

◉生活保護申請援助などの行政手続援助を国の責任で

日本社会の格差と貧困の拡大にともない、生活保護申請等についての日弁連委託援助事業の全国の援助件数合計は、07年度は247件であったものが、08年度では763件に、そして09年度では1728件にまで急増している。そして、日弁連が生活保護申請等についての法律扶助のため負担した費用は09年度で1億2315万円に達した。また、非正規雇用労働者の増加により、偽装請負、賃金不払、違法な雇い止め等の労働問題の解決については、弁護士が労働者の代理人となって労働基準監督署等に被害申告する必要性も高い。

こうした法律扶助費用は、本来、国がその責任において負担すべきである。生活に困窮した人びとが、人間らしい生活や労働を保障されるために、弁護士の法的支援を受けることを可能とするためには、民事法律扶助制度の抜本的改革を進めなければならない。そのためには総合法律支援法を改正し、裁判所における民事事件、家事事件、行政事件に関する手続や、それに先立つ和解交渉に限られている民事法律扶助事業を生活保護申請や労働局申告などの行政庁に対する行政手続にも拡大させる必要がある。

◉誰が法律扶助を使えるのか——意外に広い法律扶助の要件

10年5月1日現在の日本司法支援センターの民事法律扶助の要件となる資力基準は次の通りである。見ていただければわかる通り、意外に要件は厳しくなく、幅広い層が法律扶助を利用できる仕組みになっている。後に述べる通り、問題は、必要な人に知られているか、実際に使いやすいか、という点である。

表1

家族人数	手取月収額の基準 （　）は東京都特別区，大阪市，名古屋市等の一級地	家賃又は住宅ローンを負担している場合に加算できる限度額 （　）は東京都特別区
単身者	18万2000円以下 （20万200円以下）	4万1000円以下 （5万3000円以下）
2　名	25万1000円以下 （27万6100円以下）	5万3000円以下 （6万8000円以下）
3　名	27万2000円以下 （29万9200円以下）	6万6000円以下 （8万5000円以下）
4　名	29万9000円以下 （32万8900円以下）	7万1000円以下 （9万2000円以下）

(1) 収入要件

申込者および配偶者の手取月収額（賞与を含む）が表1の基準を満たしていることが要件となる。離婚事件など配偶者が相手方のときは、収入は合算しない。

なお、4名を超える家族は同居家族が1名増加するごとに、基準額に3万円（3万3000円）を加算する

(2) 資産要件

申込者および配偶者が不動産その他の資産を有する場合には、その時価と現金、預貯金の合計額が表2の基準に満たしていることが要件となる。なお、資産が係争物件であるときや、生活のために必要な住宅や農地は除く。また、離婚事件などで配偶者が相手方の場合には相手方の資産は合算しない。医療費、教育費、やむを得ない出費がある場合には相当額が控除される。

◉広報の強化と償還猶予・免除制度の拡大——要件を満たす人ほど利用意欲が低いという矛盾

ここに興味深い調査結果がある。日本司法支援センターは、08年秋に実施した調査をもとに、10年5月、「法律扶助のニーズおよび法テラス利用状況に関する調査報告書」を発表した。

この報告書によると、一般を対象にした調査では、法律扶助による裁判費用立替制度の周知度は全体で8％と極めて低い。なかでも若年層ではわずか4％であるという。いくら良い制度であっても、知られていなければ使いようがない。まずは、広報などによって制度を周知していくことが必要不可欠である。

また、扶助要件該当者は若年層と高齢層に多く、とくに高齢層では半数以上が扶助要件に該当するという。一般対象の調査では、利用意欲は扶助要件該当者の方が非該当者より消極であり、理由は「内容がよく分からない（47.2％）」「法テラスをよく知らない（37.8％）」「結局は費用がかかりそう（32.3％）」の順であり、とくに費用の問題は若年層、中堅層で重視される傾向があるという。

報告書は、「無料法律相談を受ける資格があり切迫した問題を抱えている人ですら償還義務がネックとなって制度利用を回避する傾向がある。償還義務の免除を含めた立替制度を利用しやすくする対応が必要」と指摘しているが、きわめて重要な指摘である。

先に述べた通り、日本司法支援センターは、10年1月から生活保護受給者に対しては、弁護士費用等の立替金の償還を原則猶予し免除しているが、「生活保護受給者に準じる程度に生計が困難な者（扶助要件の収入基準の7割程度の収入以下の者）」については、業務方法書に同様の償還猶予・免除制度の規定があるにもかかわらず、ほとんど活用されておらず死文化している。

今後は、この償還猶予・免除制度の規定に息を吹き込み、法律扶助費用の償還猶予・免除を行う生計困難者の範囲を拡大し、低所得者に対する法律扶助費の事実上の給付制を確立していく必要がある。

表2

家族人数	資産合計基準
単身者	180万円以下
2　名	250万円以下
3　名	270万円以下
4名以上	300万円以下

第8章

世界の「ホームレス」問題

野宿者問題は日本だけの問題ではない。日本で「ホームレス」といえば、ほぼイコールで野宿者を意味すると解されているが、世界ではより広く理解されている。本章では、EU、フランス、アメリカ、韓国、香港の現状を紹介することで、あるべき日本の野宿者支援の参考としたい。

研究者による分析

各国の現状と支援に学ぶ

中村健吾・福原宏幸・小池隆生・全泓奎・コルナトウスキ＝ヒェラルド・垣田裕介

1 欧州のホームレス問題とFEANTSA

◉ＥＵのリスボン戦略とその修正

ＥＵ（欧州連合）は00年３月のリスボン欧州理事会において、向こう10年間にわたる発展戦略（「リスボン戦略」）を採択した。この戦略は、「より多くのよりよい仕事とより高い社会的結束とを備えつつ持続可能な経済成長を達成しうる、最も競争力に富みかつ最もダイナミックな知識基盤型経済」の実現を謳ったのだった。そして、この野心的な目標を達成するための方策のひとつとして、リスボン戦略は「欧州社会モデルを近代化する」ことを掲げた。すなわち、自由な市場経済と高水準の社会保障とを両立させてきた旧来の「欧州社会モデル」を、グローバルな経済競争の荒波を乗り切ることができるように近代化する必要があるというのである。こうしてＥＵは00年９月のニース欧州理事会を皮切りに、貧困と社会的排除に対する加盟国の取り組みを促すようになる。そこでは、ＥＵレベルで定められる「共通目標」に沿った「国別行動計画」を加盟国の政府が立て、そうした計画とその履行をＥＵ

レベルでモニターし評価するというソフトなガバナンス手法（「整合化の開かれた方法：ＯＭＣ」）が活用された［中村2005：27～，296～］。この戦略展開において、ホームレス状態は「社会的排除の極限的な形態」として位置づけられ、それへの取り組みがＥＵのレベルでも促されるかに見えた［中村 2003］。

ところが、このリスボン戦略の進捗状況に関する中間評価をＥＵから委託された第3者機関（ウィム・コック元オランダ首相が座長）は、04年11月の報告（通称「コック報告」）のなかで、一連の経済的指標においてＥＵは依然としてアメリカに水をあけられており、現状のままではリスボン戦略の目標の達成が困難であることを指摘した。同報告はそのうえで、リスボン戦略による達成目標を「経済成長と雇用」に絞り込むことを提案した。「社会的結束」や「持続可能性」（環境保護）といった目標は、優先順位を引き下げられたのである。

こうした動きに対して、「ホームレス生活者とともに活動する各国諸組織の欧州連合体（ＦＥＡＮＴＳＡ）」や「欧州反貧困ネットワーク（ＥＡＰＮ）」といった欧州レベルのＮＧＯは機敏に反撃し、05年3月の欧州理事会を前後して活発なロビー活動をくり広げ、同理事会の議長総括のなかにかろうじて「貧困および社会的排除との闘い」への言及を確保した。ともあれ、「コック報告」以降のリスボン戦略は「修正リスボン戦略」と呼びあらわされている。

リスボン戦略は10年で実施の最終年を迎える。ＥＵは10年を「貧困および社会的排除と闘う年」に指定し、欧州委員会を中心にして「積極的包摂」という新たなアプローチ（後述）を提唱しながら、社会問題への包括的な取り組みを進めようとしているようである。

◉ＦＥＡＮＴＳＡの活動

右に言及したＦＥＡＮＴＳＡというＮＧＯは、欧州委員会から補助金を受けながら89年に結成された。ＦＥＡＮ

TSAに加盟しているのは、欧州の各国で活動しているホームレス生活者への支援団体である。目下、キプロスを除く26のEU加盟国と6つの非加盟国（ノルウェー、ベラルーシ、マケドニア、ロシア、スイス、ウクライナ）から100以上のNGOがFEANTSAに加盟している。FEANTSAの主な活動は、欧州各国におけるホームレス状態の調査・研究と、EUの諸機関や国連に対する政策提言とにある。年3回発行の *Homeless in Europe* や月刊の *The Flash* といったFEANTSAの定期刊行物の多くは、そのホームページ（http://www.feantsa.org）で入手することができる。

FEANTSAは05年10月の総会において、組織としての結束を高めるために、加盟するNGOが共有する「諸価値の宣言」を採択した。この「宣言」はFEANTSAとその加盟諸組織が擁護するべき権利として、「社会的包摂とシティズンシップとを求める権利」「尊厳と敬意とをもって処遇される権利」「アクセス可能で、選択の余地を与え、高い質をもつサービスを求める権利」「自らにかかわる意思決定に参加する権利」、そして「プライバシー、安全、および親密さを求める権利」を掲げている。

注目すべきは、FEANTSAが05年に考案した「ホームレス状態と住宅からの排除に関する類型表（ETHOS）」である。これは、EUの加盟国に共通するホームレス状態の定義が欠如しているせいで、それの国際比較統計や共通の政策指針などが作成しにくいという状況を鑑みて考案されたものであり、いわゆる野宿状態だけに限定されない「ホームレス状態」の広い理解を促し、そうすることで、「住宅からの排除」という過程に着目するものとなっている。ETHOSは、①「宿のない状態（rooflessness）：シェルターすらない状態、野宿」、②「家のない状態（houselessness）：施設やシェルターといった一時的に宿泊する場所しかない状態」、③「不確実な住居への居住：借家権の不確実さ、立退き、家庭内暴力による排除の恐れ」、④「不適切な住居への居住：非合法のキャンプ、過密な住宅など」という4つの類型からなっている（表参照）。境界線が流動的であるこれらの類型の全体が「ホー

表　FEANTSA が考案したホームレス状態の分類表 ETHOS

		操作的範疇	生活状況	一般的定義
概念的範疇	宿がない	1　宿をもたずに暮らす人びと	1.1　公的な空間または屋外	宿所とみなされうるシェルターをもたず，路上や公的な空間で生活する
		2　緊急宿泊施設にいる人びと	2.1　夜間のシェルター	夜間シェルターや敷居の低いシェルターを利用し，通常の居住場所をもたない人びと
	家がない	3　ホームレス生活者向け宿泊施設にいる人びと	3.1　ホームレス向けホステル 3.2　一時的宿泊施設 3.3　支援付きの過渡的滞在施設	左記の諸施設では，滞在期間は短めに制限されている
		4　女性向けシェルターにいる人びと	4.1　女性向けシェルターの宿泊施設	家庭内暴力を経験したせいで施設に入り，そこでは滞在期間が短めに制限されている
		5　移民のための宿泊施設にいる人びと	5.1　一時的な宿泊施設／受入センター 5.2　移民労働者向けの宿泊施設	移民の地位のせいで収容されているか，あるいは短期の宿泊をしている移民
		6　施設を出ることになっている人びと	6.1　刑務所 6.2　(薬物依存者のリハビリ施設や精神病院を含む) 医療施設 6.3　子ども向けの施設／ホーム	釈放前に確保された住宅をもたない住宅がないため必要以上に長く滞在 (たとえば18歳の誕生日までに) 確保された住宅をもたない
		7　(ホームレス状態のせいで) 長期にわたる支援を受けている人びと	7.1　高齢のホームレス生活者向けの介護付き宿泊施設 7.2　かつてホームレス状態にあった人びとのための支援付き宿泊施設	かつてホームレス状態にあった人びと向けの介護付き宿泊施設での (通常は1年以上の) 長期にわたる滞在
	不確実	8　不確実な宿所で暮らす人びと	8.1　家族または友人の家への一時的同居 8.2　非合法の (半) 居住 8.3　土地の非合法的占有	住宅をもたないせいで，通常の住居ではあるが定住の場ではない住宅に住んでいる 合法的な借家契約を欠く居所の占拠 居所の非合法的占拠 法律上の権利なき土地の占拠
		9　立退きの脅威にさらされて暮らす人びと	9.1　(賃貸物件の) 立退き命令の執行 9.2　(所有物件の) 引渡し命令の執行	立退き命令の執行 抵当物件引渡し命令の執行
		10　暴力の脅威にさらされて暮らす人びと	10.1　警察が管轄する事件	家庭内暴力の犠牲者に安全な場所を提供するべく警察が行動をとる
	不適切	11　一時的な／通例でない建造物で暮らす人びと，	11.1　移動住居 11.2　通例でない建物 11.3　一時的な建造物	通常は居住の場所とみなされない場所 間に合わせのシェルター，バラック，仮小屋 半ば定住しうる構造をもった小屋
		12　不適切な住宅で暮らす人びと	居住には適さない居所の占拠	各国の法律または建築規制によって，居住には不適切と定められている
		13　極端な過密状態で暮らす人びと	各国が定める居住定員の上限	床の広さや使用可能な部屋数について各国の標準的定員数を超過しているとみなされる

注：短期の滞在は通常は1年未満，長期の滞在は1年以上と定義される。

ムレス状態」として把握され、各類型に応じて「予防」「（宿泊施設等への）受け入れ」「支援」といった施策のパッケージが組み立てられることになる。欧州委員会は、ホームレス状態を観測する手法を提案した報告書の中でこのETHOSをも参照しながらホームレス状態の6つの類型を提示したが［European Commission 2007: 66］、それを公式に採択するには至っていない。

FEANTSAはまた、欧州委員会が「修正リスボン戦略」において打ち出した「積極的包摂」という構想を基本的には歓迎しながらも、この構想のなかに垣間見える「就労優先アプローチ」を批判して、「ホームレス生活者の積極的包摂に関する8つの原則」を欧州委員会に対して提案した。

欧州委員会のいう「積極的包摂」とは、90年代にEU加盟国において広がったワークフェア志向の制度改革にもかかわらず、「仕事を見つける見込みのほとんどない人びと」を減らすことができなかったことの反省のうえに立って打ち出された構想である。それはすなわち、①積極的労働市場政策、②十分な水準の所得保障、③社会への再参入を支援するサービスへのアクセスの改善、という3種類の政策を互いに結びつけることで社会的包摂を促そうとする。3つの政策の組み合わせが重要なのは、たとえば積極的労働市場政策（就労へのアクティベーション）だけが強調されると、雇用は得ているが貧困である人びと（ワーキングプア）、あるいは職業訓練だけでは仕事を得られる見込みのないホームレス生活者等が政策の枠組みからこぼれ落ちてしまうからである。

ここではFEANTSAが提唱した「ホームレス生活者の積極的包摂に関する8つの原則」のすべてを紹介する紙幅がないので、とくに重要だと思われる第5原則と第6原則だけを紹介しておこう。

第5原則は、「有意義な活動はスキルと自信を高めるための重要な手段である」と述べている。FEANTSAによれば、「積極的包摂は労働市場への統合にのみかかわっているのではなくて、一般的には社会への十全な参加にかかわっている」。したがって、通常の労働市場で仕事をみつけることが困難である人にとってはさしあたって、音楽、芸術、スポーツ、学習といった有意義な活動への参加が、コミュニケーション能力や自信を回復するうえで大切になる。

そして第6原則によれば、「積極的包摂は労働市場への統合を越えるものを要求する」。ワーキングプアの存在が示しているように、非正規雇用が広がっている今日の社会においては、雇用による所得だけでは貧困やホームレス状態から脱却できないことが多い。積極的包摂はむしろ、住宅、医療、教育といった部面での政策のミックスを必要とするのである。

〔中村　健吾〕

【参考文献】
European Commission 2007: Measurement of Homelessness at EU Level.
中村健吾 2003「第Ⅰ編　ＥＵ」小玉徹ほか編著『欧米のホームレス問題（上）』法律文化社
―― 2005『欧州統合と近代国家の変容』昭和堂

2 フランスのホームレス問題

◉はじめに

フランスでは、ホームレス問題は「極限的な貧困と排除」として語られ、とくに80年代からさまざまな施策が実施されるとともに、民間のアソシエーションによる多様な支援も展開されてきた。その結果、路上における組織的なアウトリーチ活動から始まって安定した社会住宅への定着に至る生活・住宅支援プロセスの枠組み、その各プロセスに必要とされる支援メニューの充実、そして個人のニーズに合った社会的・職業的参入支援策、さらにソーシャルワーカーなどによる伴走的支援活動を特徴として体系化されてきた［都留・檜谷 2003］［都留・檜谷 2004］。

しかし、現在のフランスにおいても、ホームレス問題は依然として深刻な状況から脱しきれてはいない。ここでは、はじめにフランスのホームレス生活者の現状を概観し、次いで、この現状に対するアソシエーションによる支援活動と政府の新たな対策について述べていこう。

◉ホームレス生活者の現状

フランスでの全国的なホームレス生活者調査は、01年の国立統計経済研究所ＩＮＳＥＥ調査以来行われていない。しかし、この調査やその後のいくつかの調査から今日のフランスの全体的なホームレス像を把握することができる。ちなみに、12年にＩＮＳＥＥと国立人口研究所ＩＮＥＤによる共同の大規模な全国調査が予定され、現在は調査方法をめぐる精査が進められているところである（Marpsat 女史からの聞き取り）。

01年調査によれば、路上生活、あるいは宿泊施設や日中の受け入れ施設などを利用しているホームレス生活者総数は８万６０００名で、うち６万３５００名が成人、１万６０００名が18歳未満の子ども、６５００名が難民申請のために宿泊施設に滞在している外国人であった。詳しく内訳をみると、単身かつ無職の者が45％（そのほとんどが男性）、若者の単身者で就労活動中が22％、女性でその多くは子どもを抱えている者18％、カップル（約半数は子どもがいる）が13％、高齢者２％であった［Observatoire … 2008：136-137］。

また、近年のさまざまな調査を突き合わせた結果から、上院議会報告書［SENAT 2008］はホームレス生活者の特徴を次のように描き出している。まず、近年でもホームレス生活者はフランス全体で８万〜10万名と推計されている。これとは別に、300万名が劣悪な環境の住宅に暮らしている。また、食糧配給を行っているアソシエーション

「心のレストラン」は、年に8200万食分の食事を提供し、70万名がその恩恵を受けている。さらに、06年12月から翌1月にかけて行われたパリのサン・マルタン運河のテント村による抗議運動に参加したホームレス生活者の30％はフランス国籍を持たず、外国人も相当数いることがわかる。

上院議会報告書はまた、ホームレス生活者の47％は単身者であることに注目し、その要因は、主に、家族からの、あるいは家賃滞納による賃貸住宅からの追い出しの結果であるとした。すなわち、これらのケースのうち、26％はカップルで暮らしていた家を一方の者が単身で（あるいは子どもを抱えて）追い出された者であり、21％は親と同居していた家を追い出された者であった。これに対して、自分（あるいは家族）の経済的困難にともなって住居を亡くした者は、16％にとどまった。すなわち、フランスでは各種の社会手当が充実していることから経済的困難が直ちに住宅の喪失につながるわけではなく、その申請をしない（あるいは知らない）ことがひとつの原因であるとした。しかし、より大きな要因は、離婚、子どもの早期の親元からの別離であるという。すなわち、排除を前にして最後の「安全の紐帯」である家族的連帯が機能しなくなっているのである。

さらに、ホームレス生活者のプロフィールとして、次のように論じている。社会施設に受入れられている者の25％は、自分の就労所得で生活をしている。また、18％は参入最低所得ＲＭＩによる所得の一部補完を受け取っており、11％は家族手当を受け取っている。自分の家を持たないワーキングプア（すなわち働くホームレス生活者）は長期滞在施設ＣＨＲＳに宿泊する男性に多く（63％）、このほか25％は子どもをかかえた単身女性で、母子受け入れ施設や移行支援型の社会ホテルや小アパートに暮らす。また、10％近くの者は難民であり、難民受け入れセンター（ＣＡＤＡ）あるいは一時宿泊センター（ＣＰＨ）に受け入れられている。４％は60歳以上の単身者で、移行支援宿所への入所の支援を受けている。

このように、ホームレス生活者は多様な人びとから構成されているが、彼らがホームレスに陥った要因には、家

写真1　「ドン・キホーテの子どもたち」によるパリのサン・マルタン運河のテント運動
(http://vedel.blogspot.com/2007/01/les-enfants-de-don-quichotte-et-de-la.html)

写真2　家族向け支援住宅　メゾン・ドゥ・ルレ
(Chantier national proprietaire 2008-2012 pour les personnes sans-abri ou mal logées, 2008, *Les fiches thématiques du Chantier, Les maisons relais. octbre 2008*)

族やその他の社会的つながりが弱まっていること、仕事がみつかってもその収入だけでは自分のアパートを確保できないといった状況、そして社会的な支援制度があっても必ずしも有効に機能しないことなどがあることが指摘された。

◉居住権保障を求めるテント村運動

こうした状況のなかで、ホームレス支援をめぐって近年注目されたのは、「世界の医療団」と「ドン・キホーテの子どもたち」というふたつのアソシエーションによる活動である（Marpsat 女史からの聞き取り）。このうち、「世界の医療団」は、「国境なき医師団」から80年に分かれてつくられた組織であるが、彼らは発展途上国での医療活動に加えて、先進諸国においてもホームレス生活者や不法入国者などへの医療支援活動を行っている。フランスにはすでに93年からサミュ・ソシアル（社会的緊急医療援助サービスSamu social）が、運転手、看護婦、ソーシャルワーカーの3名からなるチームがミニバスに乗り、夜間に救援を必要とするホームレス生活者への医療並びに社会援護の支援活動を行ってきた［マリナス 2008］。

しかし、「世界の医師団」は、医療器具や薬品を載せたミニバスに医師と看護婦が乗り込み、路上生活者や不法入国のホームレス生活者などに直接的な医療行為を施すとともに、Samu social や宿泊所などと連携して安定した治療・生活環境へと彼らを導くことをめざしてきた。同時に、この団体は05年から施設入所を求めない病気の路上生活者に対し、テントを提供して路上での治癒をはかる活動を、パリなどで開始した（Médecins du Monde のウェブサイト)。

他方、「ドン・キホーテの子どもたち」は、これまで重視されてきた短期滞在型の宿泊施設ではホームレス生活者はその状況から抜け出せないことから、長期滞在型で人が暮らすにふさわしい宿泊所の増設を訴え、また低廉住宅の不足の解消を求める運動を開始した。この要求を実現するために、06年12月16日、この団体はホームレス生活者にテントを提供し、パリのサン・マルタン運河周辺を200以上ものテントで埋め尽くした。この行動は、多くの都市にも飛び火し、運動が広がった。翌年1月になると、一般の市民のなかにはこの運動への連帯から一緒に路上生活を過ごす者もあらわれ、運動が求める緊急施策要求「サン・マルタン憲章」に市民はもちろん一部の政治家たちも署名をするまでにこの運動は広がり、支持を集めた(Les enfants de Don Quichotte のウェブサイト/写真1)。

こうして、この運動が功を奏し、シラク大統領が大晦日の演説でホームレス生活者の居住権保障の要求を支持する演説を行い、07年1月8日にボルロー雇用・社会的格差是正・住宅省大臣は、「ホームレス生活者のための支援活動強化プランPARSA」を発表した。さらに、ドゥヴィルバン首相は、1月17日、「ホームレス生活者やワーキングプア、母子家庭など困難を抱える人びとが住居を持つ権利」を保障する新しい法律の制定を閣議に提示し、3月5日「不服申し立て可能な居住権についての法律(DALO法)」が成立した。

◉PARSA、DALO法とその後

では、このPARSAとDALO法は、具体的に何を実施しようとしたのだろうか。

PARSAは、ホームレス生活者支援の4つの強化策を示した。①これまで冬季のみ入所可能であった5000名分の宿泊場所を一年中解放する。②受入方法の改善と時間外対応の延長によって、宿泊施設の環境を人間生活にふさわしいものに改善する。③宿泊施設入所者の社会参入を支援するために、長期にわたる宿泊所の提供を推進す

る。④社会的見守り活動（ホームレス生活者の受け入れとオリエンテーションサービス、115番の無料電話相談サービス、日中の受け入れ施設）と巡回アウトリーチ・チームの活動の強化である。このPARSAは、住宅困難にあるすべての人びとに対して解決策を提示し、宿泊所の環境と伴走的支援活動の改善に取り組むものであるが、同時に、宿泊施設から途絶えることなく安定した住宅へ至る道筋を実現することを想定しており、居住権保障の論理のなかに位置づけられるものであった［SENAT 2008］。

また、DALO法の目的は、フランスに合法的に居住するすべての市民に自分の住居を持つ権利を保障することにあるが、それを実現するための具体的な施策を決定した点で画期的であり、08年1月1日から施行された。その内容は、第1に08年から12年の5年間に毎年およそ3万戸の社会住宅を建設すること、第2はこの計画を実現するために土地や建物の先買権を政府に認めること、そして第3はホームレス生活者、ワーキングプアそして母子世帯等であって住居を必要とする人びとに解決策が提示されない場合は08年12月1日以降行政裁判所に不服申し立てを行い当該自治体に対して訴訟を起こすことができる（衛生面などで問題のある住居に住む家族は12年からできる）とするものであった。この不服申し立て可能な居住権は、スコットランドに続く2番目の制定であり、まさに画期的といってよいだろう。

さらに、このふたつの政策によって求められる長期滞在型の宿泊所の確保と社会住宅の建設に向けての行程を具体化するために、08年1月29日にはパント・レポート（Rapport de Pante）『優先すべき全国住宅建設計画 un chantier national prioritaire』も作成された（たとえば写真2のような住宅が建設されている）。

しかし、これらの施策の実施の道筋は、財政問題などもからみ決して容易ではなかった。そのため、既存住宅のなかで空き家となっている住宅の接収と、1％住宅（従業員の賃金総額の1％を会社が負担して住宅の建設を援助する制度）を寄せ集めて住宅供給を促そうと、09年3月には「住宅活用促進および排除との闘い」法が制定された［*Le*

Monde, le 1er décembre 2009］。

◉展　望

ホームレス問題に対するフランスのアソシエーションの活動や政府の政策は、常に時代の先端を行くものとして注目に値する。事実、この数年における居住権保障に向けた動向は、目を見張るものがある。にもかかわらず、ホームレス生活者の実数は必ずしも減少しているわけではない。また、ホームレス支援アソシエーション・エマウスの調査によると、09年11月には、「自分たちがある日ホームレスになりうると考えるフランス人」は、56％に達し2年前（47％）に比べて9％も増加した［*L'Express*, le 27 novembre 2009］。

こうした状況のなかで、たとえば「社会施設への受け入れと社会再参入のためのアソシエーション全国連合FNARS」会長のマエストラッシ Maestracci は、フランスのホームレス支援策は「結果をみる限り失敗といえる」と手厳しく総括している。そして、その理由を、これまでのホームレス生活者支援策には連続性がないからであり、これまでとられてきた政策は瞬間のみを扱い一時的な避難所を設けるだけで、その前後のつながりに十分配慮されてこなかったからだとした。宿泊施設に滞在する人びとが住宅を得る道を確保できないことから、その場しのぎの政策とならざるをえないのである［Maestracci 2008］。07年から始まった新たな一連の政策は、こうした限界を、克服しえるものとなるのだろうか。この点がいま問われている。

【参考文献】

都留民子・檜谷美恵子 2003「フランス」小玉徹ほか編著『欧米のホームレス問題（上）——実態と政策』法律文化社
都留民子・檜谷美恵子 2004「フランス」中村健吾ほか編著『欧米のホームレス問題（下）——支援の実例』法律文化社
マリナス、ダヴィッド＝アントワーヌ 2008「フランスのサミュ・ソシアル——ホームレス支援緊急システム」季刊 Shel-

ter-less 36号
Les enfants de Don Quichotte のウェブサイト http://www.lesenfantsdedonquichotte.com/
Maestracci, Nicole 2008: 'Personne ne devrait vivre dans la rue', *Le Nouvel Observateur*, no. 2252（le 3 janvier）.
Médecins du Monde のウェブサイト http://www.medecinsdumonde.org/fr/En-France/Sans-abri-et-mal-loges
Observatoire National de la Pauvreté et de l'Exclusion Sociale 2008: *Le rapport de l' Observatoire national de la pauvreté et de l'exclusion sociale 2007-2008*, La Documentation Française.
SENAT 2008: *Rapport d'information fait au nom de la mission commune d'information sur les politiques de lutte contre la pauvrete et l'exclusion*（par Bernard Seillier）, Tome I.
Le Monde
L'Express
聞取り調査：Marpsat, Maryse 女史（国立統計経済研究所 INSEE 研究員）08年9月23日

〔福原　宏幸〕

3 アメリカのホームレス問題

◉ホームレス問題＝「貧困大国」の象徴

00年に入ってからの10年間、アメリカで生じた社会的に大きな事件は、そのいずれもが深部においてホームレス問題とつながっているものが少なくない。このように明言することは、奇異な印象を与えるかもしれないが、しかしアメリカでは、個々の社会問題は往々にして貧困問題の異なるバリエーションとしてあらわれているといっても過言でなく、さらにホームレス問題はそうした貧困問題が先鋭化してあらわれるものなのである。

たとえば、05年にハリケーン・カトリーナがニューオリンズ一帯に惨禍をもたらし、多くの人びとに避難生活を強制し、突如として大規模なホームレス問題を生み出したが、しかしすぐに明らかになったのは、とりわけ低所得

層が多く暮らす地域ほど被害が甚大であり、また嵐の後の復旧も当該地域ではまったくといっていいほどに進展しなかったことである。したがって、天災以上に人災としての側面が指摘されたのであった。

また、近年のサブプライムローン問題では、住宅ローンを返済できず住居から立ち退きを強いられた低所得層が相当数おり、立ち退きに会った人びとは行き場を失い、キャンピングカーが何十台も連なる「ホームレス村」を利用する人びともあらわれ、こうした様子は日本のマスメディアでも取りあげられた。これらのことは、いずれもアメリカ社会のなかで、生活の基盤となる安定的な「居場所」を脅かされるような人びとが、常に無視しえない規模で存在していることを意味している。さまざまな社会問題の根には貧困問題の分厚い層があり、ホームレス問題はそれらを象徴しているのである。

ところで、現在アメリカでは、どれほどの人がホームレス暮らしを余儀なくされているのだろうか。合衆国住宅都市開発省が行った連邦議会への報告（合衆国住宅都市開発省 2010）によると、09年の1年間にホームレス経験をした人は全米でおよそ200万名と推定されている。もちろんホームレス暮らしをしている人びとの規模を正確に把握することは容易ではなく、1日なのか、1ヶ月なのか、年間なのか、ホームレス経験の長さによってその規模は大きく左右される。全体像の完全な把握はほぼ不可能とさえいえる。ともあれ、この数字はシェルター利用者数と、シェルターを運営している事業者が把握している路上生活者数からの推計値であり、また日本のいわゆる「ネットカフェ難民」のような文字通りの路上生活の周辺にあるような人びとさえも含まれていない概数である。それにしても、この200万名という数字は、アメリカ合衆国の人口約3.1億名（10年4月）と日本の人口約1.2億名に対してたとえ推計値とはいえ厚労省が発表する路上生活者の概数調査結果1.5万名（08年）から案分して見ると、ホームレス問題の規模を比較した場合の日米の大きな差を示しているのではないだろうか。

ホームレス問題は、「居場所」の喪失という意味で生活の基盤が剥奪される最も貧困が極まった形態が人びとの日常に露見している状態であり、それは、「超・格差社会」や「貧困大国」と呼ばれ、近年日本でもよく知られるようになってきたアメリカで暮らす人びとが経験している貧困という生活困難の、非常にシンボリックな現実なのである。

◉アメリカ政府の対応

00年に成立したブッシュ政権、そして08年のオバマ政権への移行を経て現在まで、アメリカ政府のホームレス対応はニュアンスに温度差を含みつつも、一貫してシェルター収容主義を採ってきている。その政策スタンスは遡ることすでに90年代のクリントン政権時に採用されたものであるが、ブッシュ政権下では宗教組織への優遇を謳い、ミッション系組織を担い手とするホームレス・シェルターの設置・運営を促進しつつ、結果としてシェルター収容政策を引き継いでいる。

とりわけ、現行のホームレス支援法、マキニー・ヴェント法に基づいて「シェルター・システム」と呼ばれるホームレス・シェルター活用政策が実施されてきた。この政策自体は90年代半ばから始まったものであるが、その要点は、シェルター運営組織への助成金配分制度（「ケアの継続 Continuum of Care」）に集約される。それは、コミュニティ組織やNPOなどが担い手となって地域で運営している緊急シェルターや通過施設型シェルターを、ホームレスの人びとの「自立」達成の場として活用することを促進するものである。この政策は、ホームレスの人びとがシェルターでの生活を経ることにより路上生活から脱出し、最終的には経済的に「自立」した生活を送ることを想定しており、とくに通過施設では就労プログラムや日常生活管理プログラムへの参加とそのアセスメントを必須としている。そして、そうしたプロセスを経る人の多寡によって、施設運営を任されている事業体への助成金配分が左右される。これが、住宅都市開発省が所管し各都市で実施されている「ケアの継続」制度である。

そして近年、ホームレス問題とのかかわりで従来以上にクローズアップされているのが、退役軍人の問題である。現在、合衆国にはホームレス暮らしを余儀なくされている退役軍人が15万名いると推計されている。オバマ大統領は、向こう5年以内に退役軍人の間でホームレス問題をなくすことを宣言し、「ホームレスの退役軍人はもうごめんだ」キャンペーンを開始している。前政権が始めた対外戦争の後遺症に向き合うことが、国内の貧困問題に対応することと結びついているのである。

しかし、ホームレス暮らしを余儀なくされる退役軍人への対応が、シェルター収容主義とどのように整合していくのかは今のところ不明な点も多い。それにもかかわらず、これまで整備されてきたシェルター・システムは、ホームレス問題に特化した資源として厚みを増しており、現政権が従来のやり方を大幅に変更する様子はいまのところみられない。

◉シェルター利用者の断片

前述した「ケアの継続」制度に基づき、各都市でこれまで整備されシステムと称されるようになったホームレス・シェルター群を利用しながら、コンスタントかつ体系的にホームレスの人びとの状況を捉える営みが、連邦政府主導のもと、ようやく最近になって開始されている。住宅都市開発省はここ4～5年の間、シェルターを利用するホームレスの人びとの調査を、「ケアの継続」資金の申請に結び付け、シェルター・システムの担い手であるサービス事業者にたいして実施してきた。近年その成果が毎年公表されるようになったのである。それによると、09年1月の特定の日にシェルターを利用した者、およびシェルターを運営している事業者が把握している路上生活者を、それぞれダブルカウントを排除し集約したホームレスの人びとの人数は64万3067名であった。

調査手法に都市ごとの裁量余地があるため、全国規模で時系列の比較を系統的に実施するにはなお改善を要すると思われ、右記の数値も注意して取り扱う必要がある。それにもかかわらず、路上生活を送る人の数の減少と引き換えに、「ケアの継続」制度のもとシェルターに収容される人の数は着実に増加していることが併せて報告されている。それによると、「ケアの継続」資金を申請する事業体のうち、シェルターに収容されたホームレスの人びとが「増加した」と回答したのが約6割（58％）であり、それゆえシェルターに収容されていない人びとが「減少している」と回答した事業体も5割強（53％）となっていた。主要な対策として、シェルター収容がホームレスの人びとに対する処遇として進行している実態が示されているといえよう。

ところで、サブプライムローン問題以降、家族ホームレスが増大していることにアメリカ社会の関心が集まっており、現地のメディアもこのことを報じている。シェルター運営に携るあるマネジャーは、かつては支援を求めてくることがなかった子どものいる世帯からのシェルターへの問い合わせが急増していると述べている（USA Today 08年10月22日）。住宅都市開発省が議会に提出している報告書もこのことを支持する内容となっている。

それによると、シェルターに入所していた子どものいる世帯は07年には13万968世帯であったが08年には15万9142世帯に急増し、09年もその伸びは衰えることなく17万129世帯となり、07年からみると30％の急増となっている。また、ホームレス・シェルターに入所する直前の居住生活を見ると、そうした家族ホームレスである人のほうが、単身でシェルターを利用している人よりも直前まで居宅生活を送っていた割合が高く、前者の62.6％に対して後者は36.6％である。こうしたことにも、サブプライムローン問題によって市場から締め出された住宅困窮状態にある子どものいる世帯が、居場所の選択肢としてシェルターを急速に利用せざるをえなくなっている様子が示されている。

さて、シェルター利用者の他の属性についてみると次の通りである。性別では男性6割強、女性4割弱であり、これは全米の人口構成で見た場合の比（男性5割弱、女性5割強）と逆転している。人種はアフリカ系アメリカ人が4割弱、非ヒスパニク系白人4割弱、ヒスパニク系白人1割強と続き、これも全人口の割合と比較すると極端にアフリカ系アメリカ人が多い。こうした傾向はホームレス問題が社会問題として広く認識され、種々の調査がなされるようになって以降ほとんど変わらない。

年齢でみると30代および40代の現役世代が4割弱となっており、全米人口に占める同世代の割合が3割弱であるのと比べると10ポイントも高い。そして、世帯人員でみると単独世帯がホームレスの人では64.1％（全米では13.0％）である。

さて、オバマ政権がホームレス暮らしを余儀なくされている退役軍人に特別な対応を行う旨キャンペーンを開始したことについてはすでに述べた。退役軍人や障害の有無で見た場合、現在のホームレスの人びとはどのような状態にあるだろうか。

シェルター利用者のうち、退役軍人である者の割合は11.1％となっており、全人口で見た場合の9.7％とさほど差異はない。10年前に実施された「全米ホームレスサービスと利用者調査」の調査時点の数値（ホームレスの退役軍人23％、全米の人口に占める退役軍人13％）にみられた、ホームレスの人々に退役軍人が偏在していた事態から大きな変化が生じている可能性がある。すなわち、過去10年もの長きにわたる対外戦争によって、戦闘に参加し復員する人がホームレス状態に陥りやすい貧困層に限定されずに広範化したか、もしくは退役軍人に対するケアが過去10年間で効果を挙げつつありホームレス状態にある退役軍人の減少につながった可能性である。いずれにしても、オバマ大統領が退役軍人に特化してホームレス対策に特別な配慮を予告しているのは、戦争の傷跡が社会の不安をできるだけ増すことのないように神経を使っているとみることができるであろう。

また、障害のある人でみると、シェルター利用者は37.8％であるのに対して全人口に占めるその割合は15.5％と、ホームレスの人に障害をもっている人が偏在していることがわかる。障害給付である補足的保障所得（ＳＳＩ）の給付水準の低さ（ＳＳＩの平均給付月額は504ドル、年間６０４８ドルであるのに対して、単身者の貧困基準は年間１万８３

0ドルである）と、さらに薬物中毒症を持っているホームレスの人はそれ自体が障害として給付の適用対象とならないため、いわば「漏給率」を高める結果となっていること等が、障害のある人がホームレス状態に陥りやすいという関係の要因になっていることを指摘できる。

◉おわりに

アメリカは、コミュニティ組織など、草の根から開始された支援の営みなどのボリュームが大きく、市民の自発的な営みなどとあいまってホームレス状態にある人びとへの支援が各都市に存在してきた。それらは支援団体の網の目を構成するのと同時に、そうした営みによって維持される社会資源の多くが、連邦政府の政策路線のなかに回収・組織され、シェルター収容政策として今日維持されている。全米に網羅された社会保障というよりは、制限的な種々の「セーフティネット」の下に存在する受け皿として、ホームレス・シェルター群は大規模に組織的に配置されているというのが実際である。

生活保障の術の多くを市場に委ねてきたアメリカにおいて、引き続き貧困問題が大規模なままに放置され続け、シェルター・システムに依存し続けるならば、生活基盤の喪失にもっとも脆弱な人たちから順次ホームレス状態にこぼれ落ちることは、引き続き再生産されていくものと思われる。

【参考文献】

小池隆生 2006『現代アメリカにおけるホームレス対策の成立と展開』専修大学出版局
Interagency Council on the Homeless. 1999 *Homelessness : Programs and the People They Serve*, Washington D. C..
U. S. Department of Housing and Urban Development 2010 *The 2009 Annual Homeless Assessment Report to Congress*, Washington D. C..

Wendy Cotch 2008 *Homeless number 'alarming'*, USA Today, October 22, 2008.

〔小池 隆生〕

4 韓国のホームレス問題と居住支援

◉ワーキング・ホームレスの登場

昨年の暮れ、下記のような記事がマスコミで取りあげられていた。

「建設日雇い職でその日暮らしをしている金氏（49）が最近夜になると訪れるのは、ソウル市永登浦《ヨンドゥンポ》駅近くのある喫茶店である。ここは3千ウォンでコーヒ一杯と一夜を過ごせる、金氏にとっては安価で安らげる最後のシェルターである」。

（韓国日報09年12月22日）

これは韓国都市研究所が国家人権委員会から委託を受けて行った、非住宅居住者に関する調査内容の一部であり、そこでは「ワーキング・ホームレス＝働く野宿者」が大きく取りあげられた。その主たる特徴は「少額ながら自ら稼いで過ごしている」点で、ソウル市内の永登浦駅周辺だけで金氏のようなワーキング・ホームレスが少なくとも600名を超えることが報告された。さらに金氏のように仕事をしているものの定まった住居がなく、考試院《コシウォン》（受験生向けの廉価な生活施設だったが、その後不安定雇用層の単身生活者向けの住まいに転用された）、漫画喫茶《マンファバン》などを転々とするワーキング・ホームレスが日に日に増えていると指摘されている。

韓国都市研究所［2009］によると、チョッパン（日本の簡易宿泊所に近い施設。全国で利用者が約6千名いると報告されている［徐 2009］）、考試院、旅館、漫画喫茶などの施設を寝床に頼る人びとが、地域によっては野宿者の最大約６倍に達しており、そのほとんどが現に建設日雇いや公共勤労などの仕事をしているか、過去にしたことがある（92％）という。それに加えて、このようなワーキング・ホームレスが全国に最低でも10万名を超えると推定されている。

韓国における現代的野宿者問題は、90年代末の経済危機が直接的な発端となっているが、社会の構造的な問題と関係していることが明らかにされ、対策が講じられてきた［李ほか 2007］。この具体的な支援策については後述するが、その前にこのような野宿者問題の浮上の裏には低所得層の厳しい住宅事情があることを指摘しておきたい。

◉居住の貧困と野宿者問題

02年末、韓国政府は住宅普及率が100％を超えたと発表した。もはや住宅問題は量的な不足の問題ではなくなったのである。しかし、一方では「最低居住水準」（建設交通部公告第2004-173号）以下の世帯が05年にも２０６・２万世帯（全世帯の13％）に及んでいる［キム 2007］。

80年代後半より本格化した都市再開発によるアフォーダブル住宅の不足は、賃貸料の上昇など低所得層にしわ寄せがきた。居住費負担は低所得層にことさら重い。所得対比賃貸料割合（ＲＩＲ）は所得逆進的で、低所得層ほど居住費負担が増大する。所得最下位１分位階層のＲＩＲは50.7％だが、上位８（17％）～10分位階層（13％）は低い水準に留まっている［ユン 2006］。

それだけではない。既成市街地に散在する地下借家、非合法居住転用型ビニルハウス密集地域、チョッパン密集地域等に代表される社会的不利地域の居住問題も未解決状態である［全 2009］。さらに、いわゆる「非住宅居住」とされている考試院、漫画喫茶などに居住している人びとはその実態さえも明らかにされていない。筆者は以上で

図1　全国の野宿者数の推移

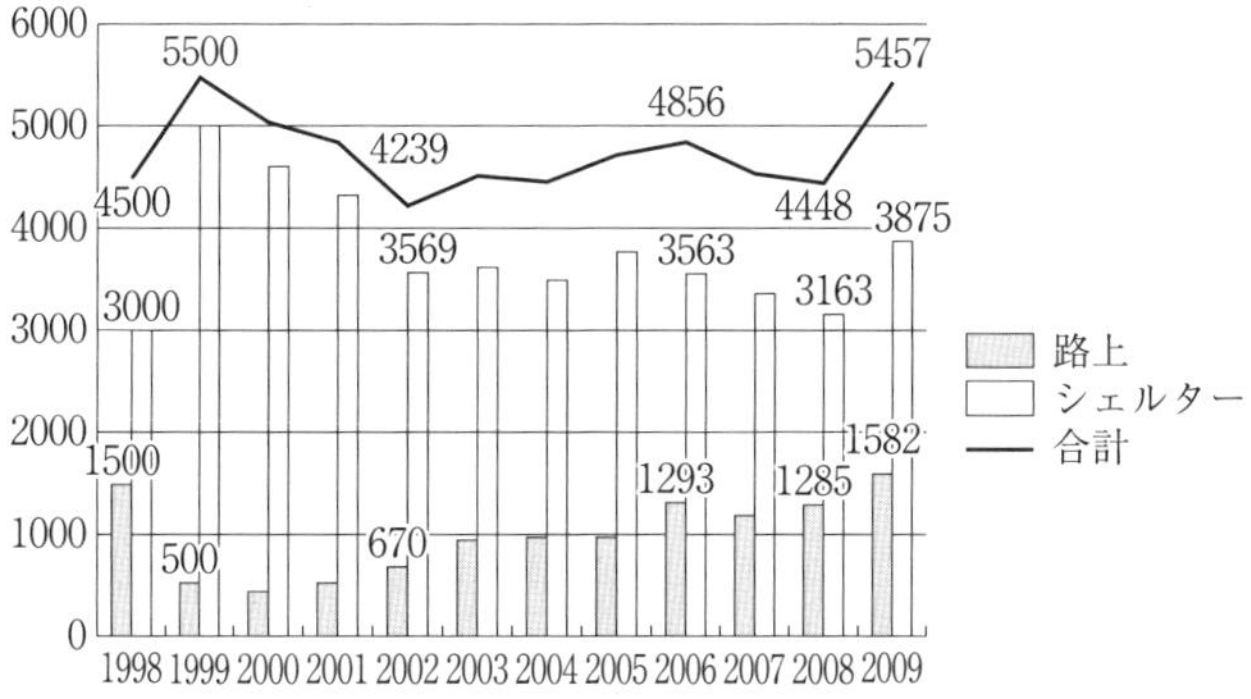

出典：金［2009］

取り上げたすべての居住不安定状態を広義のホームレス状態とみなし、その先を見越した対策を施すことが野宿者対策の大前提であると考えているが、韓国での野宿者施策は非常に残余的な範囲に留まっているのが現状である。

◉野宿者の定義と現況

韓国での公式的な野宿者の定義は、「野宿者および浮浪人福祉施設設置運営に関する規則」で規定されている。それによると、「野宿者とは、一定の住居がなく相当期間路上で生活しているか、それによって野宿者シェルターに入所した18歳以上の者を言う」とされている。一方韓国では浮浪人の概念が制度的に存置しており、実際の施策執行の際にも概念的な混乱をきたしている問題が指摘されている［李ほか2007］。同施行規則第2条1項では、「浮浪人とは、一定の住居や生業手段がなく、相当期間路上を徘徊または生活するか、それによって浮浪人福祉施設に入所した18歳以上の者」とされている。つまり、野宿者と浮浪人は、「生業手段」の有無、そしてどの「施設」（野宿者シェルターか浮浪人私設）を利用しているかによって区分けされる。

一方、野宿者、シェルターおよびチョッパン居住者までを含めた概念に基づき対策を提案しているものもある［李ほか2002］。さらに、

図2　韓国のホームレス支援システム

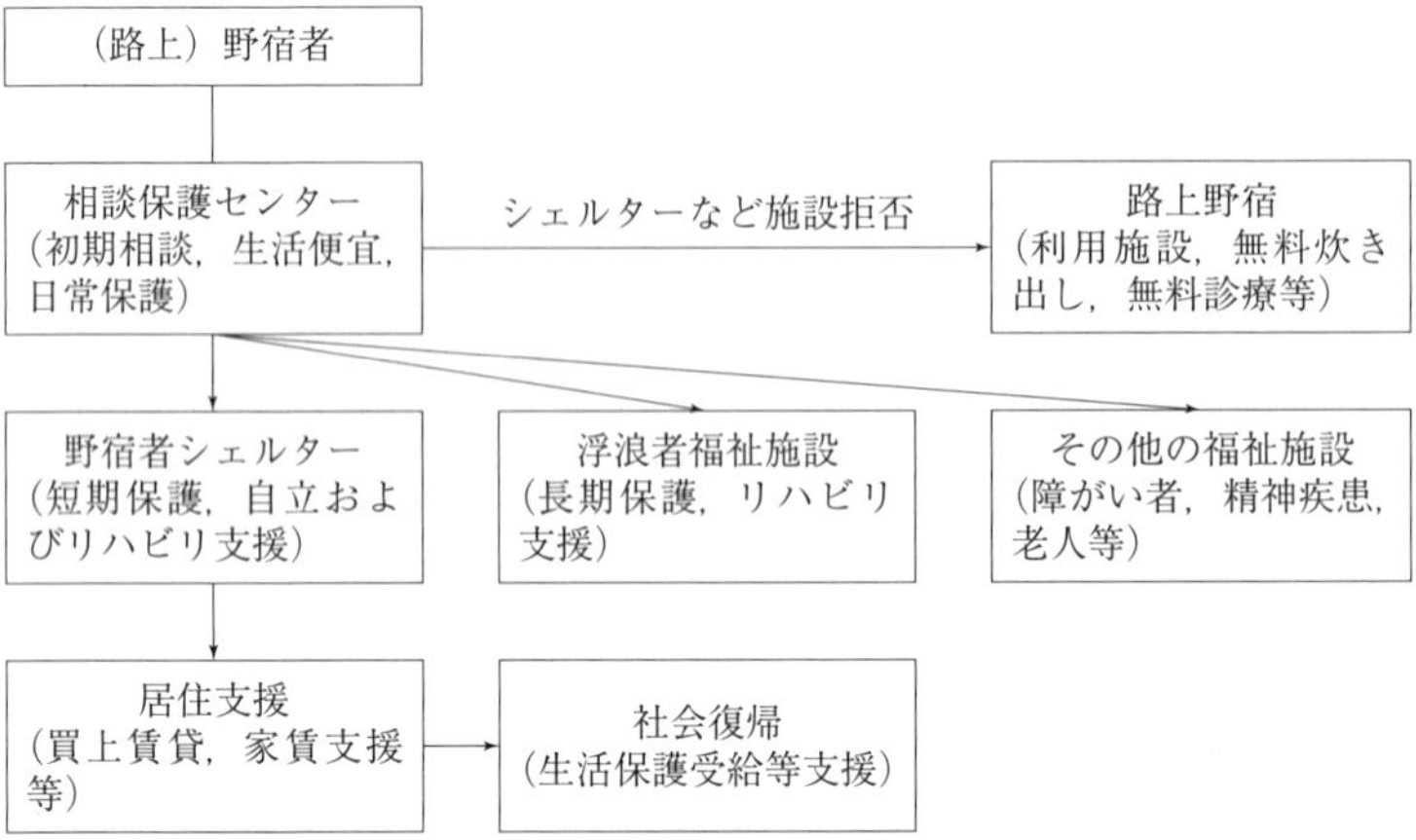

出典：金［2009］

「自分や家族の力で居住問題を解決できない者」に焦点をあてた予防的定義へと発展すべきであり、中長期的には野宿者の他にもこれに準ずる不安定な居住状態を含めるべきであるとの意見も出ている［金 2002］。

保健福祉部では「規則」の定義に基づき野宿者数を集計しているが、上記で指摘したようにその定義自体が曖昧なことに加え、調査時期にばらつきのある各地方からの報告を単純集計しているという点で信頼度が低い。一方、民間団体である「全国失職野宿者対策宗教市民団体協議会」による集計もあるが、政府の見解より人数が多く報告されている。

● 野宿者支援策の推進過程と居住支援の展開

(1) 行政施策の展開

政府が野宿者支援に重い腰を上げたのは、98年6月7日に保健福祉部が「都市野宿者総合支援対策」を発表してからである。その後、ソウル市では同年7月に市民団体・行政・学識経験者などで構成される「ソウル市野宿者対策協議会」が組織され、官民のパートナシップによる支援事業が動き出した。初期は「応急保護」が中心で、シェルターの確保が最優先課題であった。その後、路上脱却のための「自立支援」に重点を移してきた。01年以降は「路上支援」にも目を配り、現場保護の原則に即し「路上診療所」を常設化した（02年4月）。そしてシェルターに入所しなくてもチョッパンや路上で生活しながら自由にシャワー・洗濯等の生活サービスを利用できる「相談保護センター（ドロップインセンター）」も民間委託で設置した。その後03年には「野宿者保護の制度化」（社会福祉事業法等の改定）、05年には野宿者支援事業の地方化へと移行した。

その他に施策として特記すべきことは、これまで不備であった出口対策として07年以降に「単身階層買上賃貸住宅供給事業」をはじめとする居住支援事業を本格化したことである。これはチョッパンやシェルターに居住し、安定した就労を得た人びとを対象に最大10年間生活できる賃貸住宅を供給する事業である。

これは国が既成市街地の民間集合住宅を買い上げ、公営住宅に準ずるような条件で提供しているもので、利用者は管理委託を受けた民間団体によりきめの細かい相談やサービスの提供も受けられる。ビニルハウス居住世帯向けも含め12年まで5173世帯への供給を計画している。

⑵ 民間支援の多元化

一方、民間支援団体による独自の支援活動も活発になってきた。それは、アドボカシー活動、居住支援活動、その他の活動に大きく分けることができる。

まず、アドボカシー活動は、「野宿者福祉と人権を実践する人びと」と「野宿者人権共同実践団」、そして「野宿当事者の会」を中心に行われ、権益擁護や連帯活動、野宿問題の社会的アピールのためのさまざまな活動を行っている。

居住支援活動は、民間の住宅を借用しスタッフが常住しながら生活支援を行う活動（「サランバン」「ハンウルタリの人びと」）、社会福祉共同募金会からの助成を受け、野宿者に対し最大3ヶ月間の家賃支援を行うことで住宅に定住させ、その後生活保護受給や自立支援を行う「臨時居住費支援事業」、そしてチョッパン地域を対象に支援を行

写真１　買上賃貸住宅の外観

写真２　買上賃貸住宅の室内の様子

っている各団体の協議会である「全国チョッパン再生フォーラム」を挙げることができる。

最後にその他の活動としては、「人道主義実践医師協議会」による無料診療活動、野宿者を対象とした「人文学講座」、女性の野宿者を対象とする「仕事・文化カフェ」などがある。

以上のように、民間の支援活動も多岐に渡って広がりを見せており、その一部は行政の施策にも影響を及ぼしていることが推測される。

◉ホームレス支援の課題

98年末の経済危機による社会的な衝撃は大きなものであった。「漢江の奇跡」と言われるほど、これまでの韓国における経済成長は凄まじいスピードで進められてきた。絶え間ない成長神話に囚われ、予期できない失敗への対応を怠ってきたためそれを吸収できる社会的なインフラは皆無に等しかった。その結果、社会が受けた衝撃が最も悲惨な形で現れたのである。いまでも記憶に新しい98年初頭のソウル駅前の風景は、あまりにも異様なものであった。当時仕事を失い行き場をなくして駅周辺に集まってきた人びとは、およそ400名に達していた。

それから10年、「応急救護」を中心とした施策から次第に「自立支援」へ、そして「サービス付き居住支援」へと移行してきた。しかし、上記で指摘したように未だにその定義の曖昧さや旧態依然とした行政の対応は変わりがない。その一方で民間によるきめの細かい対応が始まっており、居住支援分野では行政とのパートナシップも生まれている。

しかし、前述の通り、都市再開発によるアフォーダブル住宅の減少などでますます増え続けている居住貧困層の増加は、野宿者に対するより予防的かつ包括的な対策を促している。また野宿者のあり様も多様化しつつある。つまり、今後の課題としては野宿者のみならず非住宅居住者など居住貧困状態から抜け出せないでいる人びとへの実態調査に基づいた厳密な状況認識、さらに対策の全過程に及ぶ当事者参画への配慮、そして人的支援に留まらず地域主導によるコミュニティ再生を視野に入れた、包摂的な社会システムへの再構築が必要になるといえよう。

〔全 弘奎〕

【参考文献】

李台真ほか 2002『野宿者自活支援体系改善方案』韓国保健社会研究院
李台真ほか 2007『野宿者政策の評価と改善方案』韓国保健社会研究院
韓国都市研究所 2009『非住宅居住者の人権現況および改善方案に関する政策討論会』
金秀顯 2002『ソウル市中長期露宿者政策研究』ソウル市政開発研究院
金秀顯 2009「経済危機以降韓国におけるホームレス問題の現況と課題」第2回貧困研究会日韓シンポジウム報告資料
キム・ヘスン 2007『最低居住水準を活用した2006年居住福祉ニーズ推定研究』国土研究院
全泓奎 2009「ソウル市における社会的な不利地域の居住問題」『格差社会の居住貧困——住宅白書2009-2010』ドメス出版
徐鐘均 2009「非住宅居住者の現況に対する報告」第2回貧困研究会日韓シンポジウム報告資料
ユン・ジュヒョン 2006『居住二極化の現況および課題』国土研究院

5 香港のホームレス問題——支援システムの展開と課題

◉はじめに

ここでは、香港におけるホームレスと支援システムの概要を紹介する。香港では、90年代末にホームレスが急増

写真１　橋の下に住む路上生活者

写真２　木造コンクリートのベッドスペース
（1980年代以降の新しいタイプ）

したのち、それまで独自に支援活動を行ってきた有力な民間支援団体と政府の関連部署とがパートナーシップを構築して支援システムを展開してきた。現場の第一線で民間支援団体が活動し、政府が財政的・物理的なバックアップを行うというホームレス対策の枠組みのもと、香港のホームレス数は10年間で４分の１にまで減少した。

◉香港のホームレスとは誰か

(1) 香港におけるホームレスの急増

香港では、他の東アジア新興国と同様に、90年代末からホームレス数が急増した。その背景に横たわっていたのは、アジア金融危機による経済的な打撃と、それによる低賃金肉体労働者への影響であった。さらにこの頃、香港の公的扶助である「包括的社会保障扶助制度（Comprehensive Social Security Assistance：CSSA）」の見直しと財源抑制が進められ、支給要件が厳格化された。その結果、ホームレスが著しく増加し、その多くは香港の代表的な都市空間に分布していたため、公衆の目を引き、しだいに社会的な問題として深刻化していった。00年頃に、香港の公式統計におけるホームレス数は約１３００名とピークを迎え、97年以前の2倍に達した。しかし、実際には３０００名に近かったといわれている。

(2) 香港における「ホームレス」の定義

香港では、公式的な表現として、野宿状態にあるホームレスは「路上生活者（street sleeper）」と呼ばれる。これは最も見えやすい形態のホームレスであり、路上で生活しているため支援のターゲットとしても認識しやすい（写真1）。

写真3　ワイヤーのベッドスペース
（1960年代以降の古いタイプ）

写真4　単身者向けホステル
（Highstreet）

しかしながら、香港においてホームレスとは、路上生活者のみを指すのではない。ホームレスのふたつめのグループは、「ベッドスペース宿泊者（bedspace lodger）」と呼ばれる。ベッドスペースは、不安定で老朽化した居住環境であり、ただ一人が寝るスペースがあるだけで、その他の個人的なスペースはなく、すべての設備は共用となっている（写真2、写真3）。これは最も安価な民間賃貸住居であり、家賃は日本円でいえば月額7000円～1万2000円程度で、宿泊者の平均賃金の4割にあたる。そして当然のことながら、このグループの大半は、路上生活とベッドスペースとを行き来している。

◉香港における政府のホームレス対策

(1) 官民協同による支援システム

香港の既存の政策枠組みでは、ホームレス支援を十分に行うことは困難であった。そして、ホームレスの大半は失業や過少雇用（underemployment）が原因とされていた。そのなかで香港特別行政区政府（Hong Kong Special Administrative Region）は、就労支援と一時居住を核としたホームレス対策に着手した。それは、以前からホームレス問題に取り組んできたいくつかのNGO（非政府組織）との提携という形をとっており、政府がホームレス対策を進めるうえで効果的な方法であったといえる。

香港政府によるホームレス対策は、関連する領域の複数の部署にまたがって展開・実施されてきている。それは住宅領域や社会福祉領域、労働領域などであり、それぞれの領域において対策が行われてきたのには、それぞれの文脈がある。以下では、それらの領域ごとにホームレス対策の展開過程を整理しておきたい。

(2) 劣悪居住環境対策という文脈――政府の民政事務総署

政府の対策を時系列でみると、はじめに登場するのは、ベッドスペース宿泊者の再居住であった。過密なベッドスペースの建物で起こった火災死亡事故を踏まえて、民政事務総署（Home Affairs Department）は、所定の安全基準の確保を目的とした条例を出した。その結果、手ごろな価格の居住環境が減少することとなり、この対策は論議を呼んだ。他に民間住宅へのアクセスを支援する対策がないなかで、政府は96年に、小規模な一時居住の運営をボランティアサービス局（Agency for Volunteer Service）に委託し、再居住の支援に乗り出した。その結果、ふたつの大規模なホステルがあらわれることとなった。98年にはSalvation Army（救世軍）が運営するホステル、01年にはNeighbourhood Advice Action Councilが運営するホステルが登場し、両者の収容人数は580にのぼる。これらのホステルは「単身者向けホステル（singleton hostel）」と呼ばれる（写真４）。月額７０００円（CSSAを受給していない場合）～１万２５００円（CSSA受給の場合）程度の利用料を支払うため、ベッドスペースの家賃と似ているものの、入居者に対して専門家による指導が提供されるという点でベッドスペースとは異なる。

(3) 路上生活者支援という文脈――政府の社会福祉署、労働署

このようにベッドスペース宿泊者対策を民政事務総署が管轄する一方で、社会福祉署（Social Welfare Department）は路上生活者に対する支援を管轄する。その支援は、最も基本的には、先述の公的扶助であるCSSAの適用によって行われる。00年以前は、ＣＳＳＡの適用と半年ごとのアウトリーチ調査とが一緒に行われており、それが路上生活者に対する公的支援策の中心となっていた。しかし、ＣＳＳA受給者が急増し、新たな路上生活者の大半は比較的若くて労働能力のある失業者が占めていたため、社会福祉署は、新規の路上生活者の実態についての詳細な調査を開始した。この調査結果を踏まえて、01年に「路上生活者支援の３か年アクションプラン（Three-year

Action Plan to Help the Street Sleepers)」が実施された。これが、路上生活者に対する公的な支援枠組みの発端となり、路上生活者の自立を促進するための支援の焦点は、単なるCSSAの適用から再雇用へと向けられることとなった。この支援枠組みを拡充するために、労働署（Labour Department）も参画し、再雇用に向けた訓練（雇用者訓練局 Employees Retraining Board）や職業紹介プログラムの提供が行われている。

図1　NGOによるホームレス支援の地域分担および中間施設（シェルター，ホステル）の分布

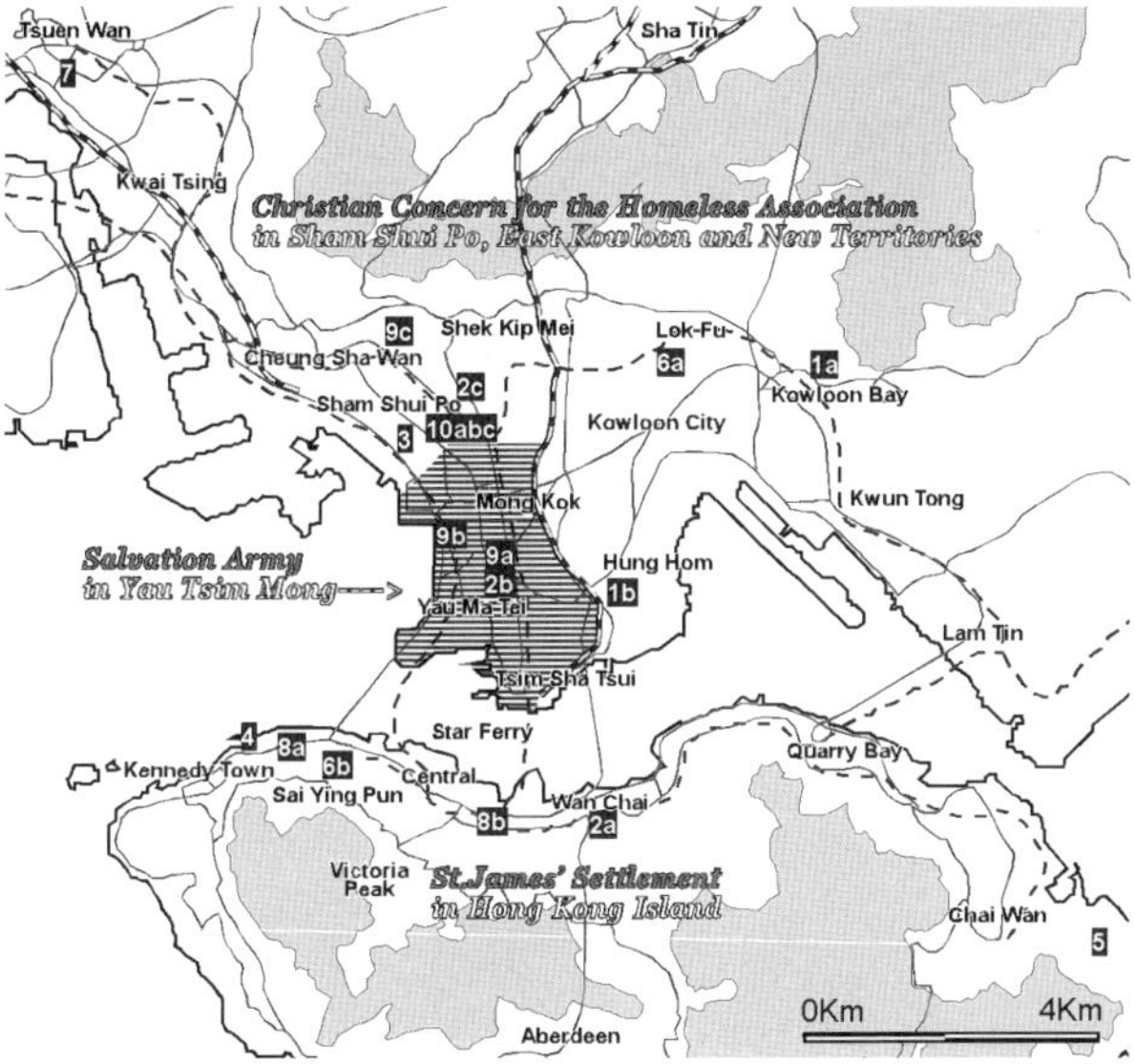

(4) 公的な住宅供給という文脈——政府の住宅委員会

最後に、政府の住宅委員会（Housing Authority）もまた、ホームレス支援にある程度かかわっている。住宅委員会は、香港人口の30％以上が住む公営賃貸住宅を提供する一方、ホームレスに対して基本的に無料の緊急宿泊設備を提供する「通過施設（transit center）」を直接運営している。しかしながら、それらの施設は、都心から離れた新界に立地しているため、利用希望が少ない。

◉香港におけるホームレス支援システムの展開

(1) 支援現場の第一線を担うNGO

上記のように、政府のホームレス対策が領域ごとの文脈で行われてきたなかで、肝心の現場での支援については、社会福祉署はいくつかの機能について、

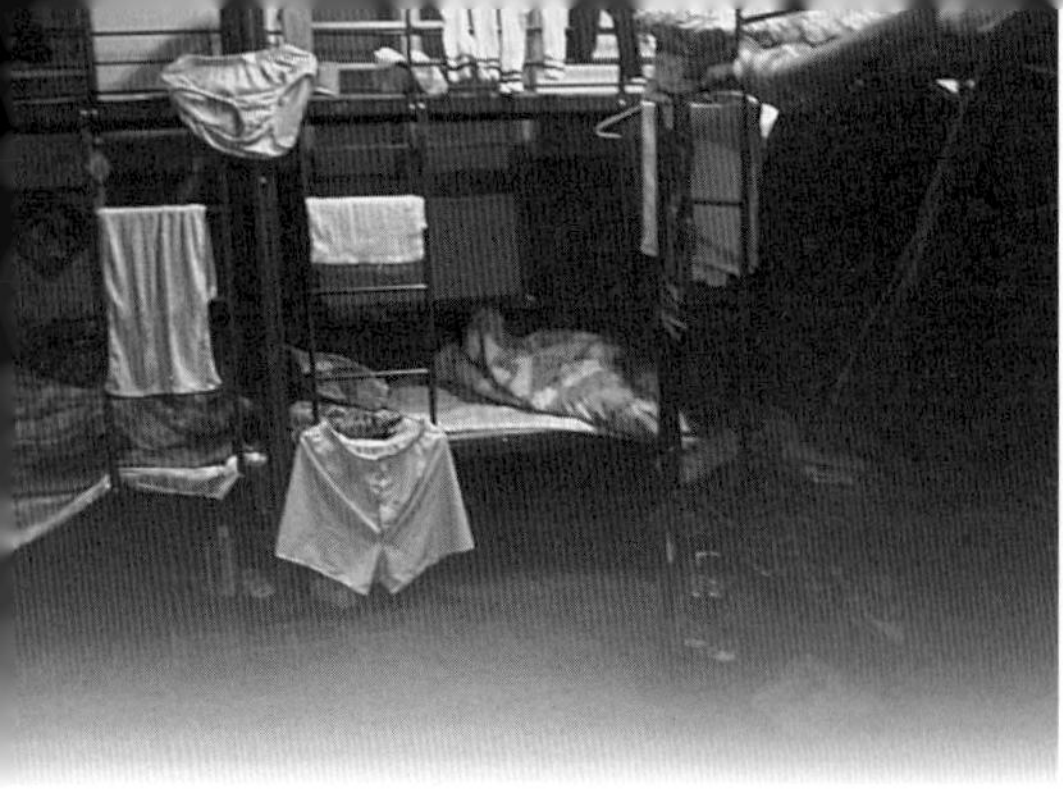

写真5　SSSSTiが運営するシェルター（Un Chau）

写真6　アーバン・ホステル（Pok Oi）

関係する3つのNGOに委託することとなった。その委託内容は、一時居住施設の運営や路上生活者の社会復帰などである。それらのNGOは、それぞれ「インテグレーティッド・チーム（Integrated Team）」を構成して、各チームの担当地域において独自の支援活動を行っている。地域ごとの担当NGOをみると、香港島はSt. James' Settlement、九龍（Kowloon）の都心（油尖旺区 Yau Tsim Mok district）は救世軍、九龍の残りと新界（New Territories）はChristian Concern for the Homeless Associationとなっている（図1）。これらのチームは、社会福祉署から資金提供を受け、社会福祉署と契約を交わした支援（アウトリーチ、緊急シェルターおよびアーバン・ホステルの運営）を実施する。新たにホームレスとなった者のうち、14日間同じ場所で野宿している者に対しては「路上生活者登録（Street Sleepers Registry）」を行う。それによって、CSSAの受給要件を得られることになる。

これらのNGOとは別に、社会福祉署から資金提供を受けているNGOや、すべて自主財源でシェルターやホステルを運営しているNGOも存在する。まず、自主財源による無料シェルターは、Street Sleepers Shelter Society Trustees Inc.（SSSSTi）やMissionary of Charity（MoC）によって運営されている（写真5）。MoCのシェルターは、無料の食事が提供される唯一の施設である。次に、「アーバン・ホステル（urban hostel）」は、家賃やサービス内容の面で「単身者向けホステル」と似ており、Caritas や Pok Oi Hospital、Yan Chai Hospital、NAACによって運営されている（写真6）。さらに、日中のドロップイン・センターが、St. Barnabas' Society and Home によって運営されている。これらのＮＧＯは、自主財源で施設を運営しているとはいえ、施設そのものが社会福祉署から提供されている場合が多い。

(2) 政府からＮＧＯへの委託の進展

04年、「路上生活者支援の3か年アクションプラン」は成功裡に終了し、そのことは、ホームレス数が１０００名を下回り、ＣＳＳＡによる保護が減少したことに表れている。それを受けて社会福祉署は、独自のアウトリーチ・チームを廃止し、路上生活者支援のサービス提供をすべてインテグレーティッド・チームに委託するなど、サービスの直接的な提供から手を引いた。次の3か年の予算は、３つのチームに対して新たな「ワンストップ・サービス」に割りあてられ、それぞれのチームが、アウトリーチと緊急シェルター、アーバン・ホステルをセットとした統一的なサービス提供を行うこととされている。他方で、デイセンターのように以前は資金が提供されていた支援活動は、資金提供の対象から外されることとなった。

(3) ホームレス支援におけるＮＧＯの役割と影響

以上のように、政府のホームレス対策の状況や政府各部署による取り組みについて、簡潔に整理した。ここで強調しておきたいのは、今日の支援システムが形づくられるなかでＮＧＯが果たしてきた役割である。この点で、草の根の組織であるSociety for Community Organization（ＳｏＣＯ）は、早くから活動してきたＮＧＯであり、ベッドスペース宿泊者のみでなく路上生活者に対する公的な支援を要求してきた。ホームレスの調査および支援実績の両面で実態を明らかにすることによって、ＳｏＣＯは政府に対して十分な政治的圧力を及ぼすことができたし、それによって政府による効果的な対応を引き出してきた。通過的な居住施設を提供する他のＮＧＯもまた、社会福祉署が積極的にホームレス支援にかかわる以前から、政策に代わる住宅のセーフティネット・システムを開拓してきた。今日では、合計10のＮＧＯが、ホームレスの社会的復帰に向けて、上記のような通過施設の運営や専門的支

した製紙会社では安定して勤めることができ、23歳で結婚、3人の子宝にも恵まれ、一戸建ての家を30年ローンで組むまでに至った。順風満帆に思えた人生だったが、30歳を前に再び、人間関係によるストレスから長年勤めた会社を退職することとなった。それ以降、少しずつ歯車が狂い始め、鉄筋関係、製材所など、職を転々とするようになった。ローンを払いながらの生活も、定職に就くことができないために苦しく、妻とは生活費をめぐっての口論が絶えない。そうして40歳をすぎた頃、「大阪でしっかり稼いで仕送りをする」と妻子を残して家を飛び出した。

ところが定職にありつけず、不安や焦りの気持ちをほぐすために一人酒を始めるようになると、次第に酒量が増えるようになった。アルバイトをして自分の暮らしをつなぐのが精一杯の生活だった。仕送りができない年月が重なり、その後ろめたさから、家族への連絡もしなくなった。40代後半のころ、愛隣地区にたどりついた。50歳をすぎたころには、身体がだるくて起き上がることもままならなくなっていたが、酒を飲んでごまかした。50代後半、建築現場で頭部に大けがをするが、生活費のおおかたを酒に費やしていた為、治療代を工面することすらできずに放置した。また、悪いことに不況の波が押し寄せ、仕事の求人も激減していった。やがて、その日のドヤ代すら支払えなくなり、野宿生活をするようになった。

野宿生活をしてしばらくした頃、支援団体のスタッフから声をかけられ、小杉クリニックを紹介された。初診時、岩田さんは「家族に仕送りもせずに言えたことではないが、家族のことを1日も忘れたことはない」と涙を流した。ようやく通院にも慣れ、落ち着きを取り戻してきたが、生活保護の申請中に福祉事務所の担当者から「妻と離婚になっていないので、生活保護は無理かも知れない」と言われた。〝生活保護は無理だ。働かなくてはならない〟と思い込み、黙って消えようしていたとき、偶然、クリニックのソーシャルワーカーから声をかけられた。問いかけにも「自業自得で仕方がない、天罰だ」と繰り返すのみだった。それでも岩田さんの事情を知ったソーシャルワーカーが福祉事務所へ連絡をしてくれ、生活保護が受給できるようになった。

「振り返ってみれば、自分のことを誰かに相談した経験がない、思いつきさえしなかった」と言う岩田さんの言葉が、印象的だった。その出来事以降、積極的に治療プログラムの参加を重ね、地元の断酒会に入会するまでになった。

非人間的な状況に追いやられている、人権を無視しがちな社会の歯車として生きていくことをやめ、より人間らしい生活に目覚めていくことを、いみじくもアルコール依存症という病に陥り、医療機関や自助グループの仲間と出会い、知ることができたと岩田さんは言う。まさに〝第2の人生〟のスタートといえるのだろう。

【事例②】

ふるさとは遠くにありて思ふもの
そして悲しくうたふもの

よしや
うらぶれて異土の乞食となるとても
帰るところにあるまじや
ひとり都のゆふぐれに　ふるさとおもひ涙ぐむ
そのこころもて
遠きみやこにかへらばや
遠きみやこにかへらばや

『小景異情―その2』室生犀星より

これは橋本知幸さん〔仮名〕の好きな詩だ。故郷の母を想う時、いつもこの詩が頭をよぎるという。

橋本さんはK県で両親とも林業を営む家の4人同胞の長男として57年に生まれた。仕事一筋の真面目な父は、酒を飲むと人格が変わり、ささいな事で大暴れして母に暴力を振った。幼い頃の思い出といえば、母に手をひかれて姉たちと夜道をあてもなく歩いている光景だった。

そんな酒乱の父に反発して、中学校を卒業すると、母の反対を押し切って新天地を求め、先輩を頼って来阪した。自転車修理工場で働くようになった橋本さんは、酒乱の父を見て育ってきた影響で、周りの酒の誘いもことわり、つき合いも悪いため、独りで過ごすことが多かった。でも、そんな質素な生活も不満ではなかった。

気づいたら、いつの間にか40歳もすぎ、女性との出会いや交際をすることもなく、淋しい単身生活を送っていた。ふと故郷の母を想い、涙することもあった。50歳をすぎた頃、不況のあおりで自動車修理工場が倒産して職を失った。退職金が支給されることもなく、新しい仕事も見つからず、やがて貯金も底をついた。家賃が払えなくなって住居も追われることになった。故郷の母や姉たちとはもう何十年も連絡をとっていない。今では父や母の生死すらわからず、姉たちの所在もわからない。人づき合いの悪さから相談する友人もなく、途方にくれてK公園をさまよっていた。生茂った木の香りの漂いは、どことなく故郷に似て懐かしかった。

木の陰に目をやると、隠れ集落のような青テントの群れを見つけた。野宿することに抵抗をおぼえたが、使えそうな粗大ゴミを集めてきて野宿をする決心を固めた。でも、一晩でテントはつぶされ、ホームレスにもしきたりがあることを知った。なんとか空き缶拾いで金をかき集めて安価な酒をふるまい、ようやくホームレスの仲間入りができた。それでも、かつては軽蔑していたホームレスにまで落ちぶれたことで、酒に手を出し、溺れていった。酔うと好きな詩を口ずさんだ。

そんな明日をも知れぬ日々を送っていた頃、巡回指導員に出会って、小杉クリニックを紹介された。一度クリニックの玄関まで行ったが、待合室の雰囲気を見て「ここは俺の来るところではない。俺をあんなアル中と一緒にしてほしくない。酒乱の親父を恨んできた俺が、親父と同じようにアルコールに溺れるなんて……」と受診を拒んだ。それでも度重なる巡回相談員の説得で受診する決心をして訪れたのは、橋本さんがはじめて巡回相談員と会ったときから半年が経っていた。

通院して気づかされたのは、いままで恨んできた父が、〝アルコール依存症という病気だったのではないか〟〝本当は家族想いの父がアルコールのせいで悪態をつき、素面になっては自分を責めていたのではないか〟と思えるようになったことだ。すると自分の病気も受け入れられるようになってきた。通院をきっかけに、生活保護を受給して、アパートで独り暮らしもできるまでになった。いま、断酒会の出席も楽しくなりつつある。まったく先の見えない生活から、トンネルの向こうから少し光が見えてきたことを実感できる自分にうれしく思えるようになってきた。

◉おわりに

一人の人がホームレスに陥る背景には、複雑な要因が絡み合って存在しており、決して単純な背景ではない。つまりホームレスの背景には、失業、多重債務や借金などの経済苦、離婚や家族関係の希薄さ、うつ病やアルコール依存症などの心の病を患うなど、いずれも単一だけの背景ではなく、「追いつめられて孤立し、他に選択肢がないと思い込んでしまった」あげくのホームレスであることが多い。

違った角度から論じると、たとえ大きな一つの原因があったとしても、孤立したり追いつめられたりする前に周囲が気づき、何らかの支援をすることによって、ホームレスという事態は回避し得ることが可能ということであろう。ここにホームレス対策の意味と必要性がある。近年、多くのホームレスを生んでいるこの社会で、どんな要因がホームレスになってしまうリスクなのか、さまざまな観点から調査をして、背景となる要因を浮き彫りにして、すべからく排除する努力が必要であろう。〝福祉〟とは、人間のためによい状態を作り出す行為である。

一方、並行して私たち一人ひとりが貧困問題やホームレス問題について、正しい知識を持ち、当事者、あるいは家族、周囲の人が危機に直面したときの心構えを持つことも大切だ。社会の多くの人がその人を追い詰めたり、孤立させることなく、助ける知恵を持っていれば、多くの被害は避けられる。そのためには医療、福祉、司法による支援などの体制作りや啓発活動、そして社会の連帯意識などが欠かせない。

人と人との絆やふれあいの薄い社会は、誰にとっても心地よい社会ではないだろう。「生きやすく心地よい社会」を目指して、私たち一人ひとりが地道に行動して継続する、それが本当の意味で「21世紀はこころの時代」といえるのではないだろうか。

〔三好 弘之〕

すぐそこにある目に見える貧困が野宿者であり、目に見えても無視され人間としての尊厳を奪われているのが野宿者である。

究極の困窮状態で目前にいるのに、人びとから無視され、時には蔑視されて人間としての尊厳はかき消されてしまう。

そのような野宿者の厳しい現状を当事者や支援者等の視点からだけでなく、野宿者の人間としての尊厳や権利回復のため活動する弁護士の視点からも明らかにしようとしたのが本書である。

00年12月1日近畿弁護士会連合会は、第21回人権擁護大会で「ホームレス問題の根本解決を求める決議」を採択した。これを受け01年3月に大阪弁護士会人権擁護委員会内に野宿者問題プロジェクトチームが創設され、私が座長（チームリーダー）に就任した。

このチームは座長の私を除けば本書の共編者の小久保哲郎弁護士など、当時は弁護士登録10年未満の若手弁護士たちが主力メンバーであり、野宿者の人権という新しい人権領域に取り組むにふさわしい若々しいエネルギーにあふれていた。

野宿者問題プロジェクトチームの活動目的は、弁護士会による野宿者の自立支援（法的支援）であり、具体的には生活保護申請による野宿から居宅生活への移行と野宿者の社会復帰の阻害要因となっている多重債務等の法律問題を解決することであった。

しかし当時の大阪の野宿者のほとんどは、西成区のあいりん地区の日雇労働者が不況により仕事を失い、道路、公園、河川敷等で野宿生活を余儀なくされたというものであった。

そのため、野宿者の支援団体は、あいりん地区の日雇労働者に仕事があれば野宿者問題はほぼ解決するとして、行政に対し公的な雇用創造（失業対策事業）を求めることに力を入れていたためか、生活保護申請による野宿者問題の解決ということについては関心が低いようであった。

また、大阪市も野宿者に対して生活保護の適用をして居宅生活に移行させることには否定的で、自立支援センターに入所させる施策をとっていた。そこで私たちは支援団体に対しては、生活保護の申請は憲法の保障する権利であり、もっと活用すべきでないかと説く一方、行政に対しては野宿者に対する生活保護の申請が違法に拒否されないよう、弁護士が野宿者の生活保護の申請に代理人として同行するという活動をすすめていった。

野宿者の社会復帰の阻害要因となっていた多重債務問題等法律問題の解決については、私たちプロジェクトチームの弁護士が大阪市内の自立支援センターに押しかけて法律相談を試行的に実施し、センター側に法律相談の有要性を認めてもらい定例化していった。また、私たちプロジェクトチームの弁護士が大阪府下の野宿者の巡回相談員に同伴して野宿者のテントを訪問して法律相談を実施したりもした。

ホームレスの自立の支援等に関する特別措置法が制定されて、しばらくすると大阪市は都市公園の利用の適正化の名の下に長居公園や靭公園、大阪城公園において行政代執行による野宿者の強制立退きを実行していった。

その際、大阪市は公園等の野宿者に対し、自立支援センターへの入所を勧誘するだけで生活保護申請による居宅生活への移行についての説明を一切せずに立退きを求めていたが、これは野宿者の憲法25条で保障された生活保護を受ける権利をないがしろにするものだった。

01年4月に発足した小泉政権下の構造改革と規制緩和は派遣社員やパート等の非正規・不安定雇用と低賃金労働を増加させ「ワーキング・プア」などの貧困層を拡大させるとともに社会保障を後退させた。その結果、ネットカフェ難民やいつ住居を失ってもおかしくない野宿者予備軍ともいうべき貧困者層が増加した。もともと「ホームレス」とは欧米では「安定した住居をもたない状態」を意味していたことから、私たち野宿者問題プロジェクトチームは安定した住居をもたない野宿者予備軍ともいうべき人びとも対象とするため「ホームレス問題部会」と改称し、多様な貧困問題に活動領域を広げていった。

08年秋のリーマンショック以後、派遣社員や契約社員の雇い止めにより大量の失業者が生まれた。そして09年1月の派遣村は、失業すれば誰もが住居を失ってしまう恐れがあることを全国民に知らしめた。そして、不況により働きたくても仕事がないという現実が、行政に最後のセーフティネットである生活保護の活用に舵をきらせた。大阪でも西成区の市立更生相談所があいりん地区の野宿者に対し、次々と生活保護の適用を認めていった。

その一方で野宿者を劣悪なアパート等に住まわせ生活保護費をピンハネするいわゆる囲い屋などの貧困ビジネス業者がはびこるようになった。また、生活保護によりせっかく居宅生活に移行しても、福祉事務所のケースワーカー不足により就労支援等のアフターフォローが不十分なことから再び野宿生活に至ってしまう者が少なからず生じた。そして失業が原因の野宿者は生活保護により減少しても、他方では精神障害や知的障害者、アルコールや薬物依存という重い問題をかかえた人たちが多数野宿者として取り残されている感じがする。さらに、若年層の野宿者は以前に比べ増加している。

これら居宅生活に移行した者や精神的障害等の問題をかかえる野宿者や若年層の野宿者については、法律家だけでなくそれぞれのニーズに対応した各分野の専門家の連携によるきめ細かな支援が必要である。

近年、罪を犯した高齢者や知的障害者が刑務所を出所後、仕事もなく帰る場所もないため生活に困り、食うに困らない刑務所に戻る目的でわざと万引等の犯罪をくり返す事件が多発した。法務省や厚生労働省は09年度から刑務所を出所する高齢者や障害者を福祉に結びつけるための地域生活定着支援センター事業を開始している。

しかし、高齢者や障害者でなくても刑務所から出所した者（刑余者）に仕事や帰るべき家がなければホームレス同然であり、社会復帰への法律家の支援が必要である。そのため、私たちホームレス問題部会は07年から刑務所を仮釈放された人たちの入所する刑事更生保護施設和衷会で法律相談を開始した。

日本弁護士連合会は06年の人権擁護大会で「貧困と生活保障」をテーマにシンポジュウムを開催したのを皮切りに、08年に「貧困と労働」、10年には「子どもの貧困」と貧困問題をテーマとするシンポジュウムを開催する。そして貧困と人権に関する委員会を設置し、多種多様な貧困問題に取り組もうとしている。

しかし、これら多種多様な貧困問題に目を奪われ、目の前にある窮極の貧困である野宿者の問題を忘れ去られてしまわないかと心配になるときがある。

その意味で本書が貧困問題の原点ともいうべき野宿者問題にしっかりと目を向けていただくきっかけとなれば幸いである。

最後に本書に執筆していただいた多数の方々や、いろいろとお世話をしていただいた法律文化社編集部の掛川直之君に心から感謝したい。

2010年8月

安永　一郎

■ 編者紹介

小久保《こくぼ》　哲郎《てつろう》

1965年兵庫県神戸市生。京都大学法学部卒業。1995年大阪弁護士会登録（司法修習47期）。現在，日弁連貧困問題対策本部事務局次長，生活保護問題対策全国会議事務局長。

安永《やすなが》　一郎《いちろう》

1956年大阪府大阪市生。大阪市立大学法学部卒業。1983年大阪弁護士会登録（司法修習35期）。現在，大阪弁護士会法律援助事業・日本司法支援センター対応委員会副委員長，ホームレス法的支援者交流会顧問。

■ 執筆者紹介

生田《いくた》　武志《たけし》　野宿者ネットワーク

藤井《ふじい》　克彦《かつひこ》　笹島診療所

森《もり》　弘典《ひろのり》　弁護士〔愛知県弁護士会〕

加藤《かとう》　亮子《りょうこ》　釜ヶ崎医療連絡会議

小久保哲郎《こくぼてつろう》　上記参照

奥村《おくむら》　健《けん》　更生施設　大淀寮・自立支援センターおおよど

戸舘《とだて》　圭之《よしゆき》　弁護士〔第二東京弁護士会〕

山内《やまうち》　勇志《ゆうじ》　住民票訴訟原告

永嶋《ながしま》　靖久《やすひさ》　弁護士〔大阪弁護士会〕

石側《いしがわ》　亮太《りょうた》　弁護士〔京都弁護士会〕

湯浅《ゆあさ》　誠《まこと》　自立生活サポートセンター・もやい

大橋《おおはし》さゆり　弁護士〔大阪弁護士会〕

浮田《うきた》　麻里《まり》　弁護士〔滋賀弁護士会〕

普門《ふもん》　大輔《だいすけ》　弁護士〔大阪弁護士会〕

安永《やすなが》　一郎《いちろう》　上記参照

中村《なかむら》　健吾《けんご》　大阪市立大学大学院経済学研究科教授

福原《ふくはら》　宏幸《ひろゆき》　大阪市立大学大学院経済学研究科教授

小池《こいけ》　隆生《たかお》　専修大学経済学部講師

全《じょん》　泓奎《ほんぎゅ》　大阪市立大学都市研究プラザ准教授

コルナトウスキ＝ヒェラルド
大阪市立大学大学院経済学研究科博士後期課程

垣田《かきた》　裕介《ゆうすけ》　大分大学大学院福祉社会科学研究科准教授

三好《みよし》　弘之《ひろゆき》　精神保健福祉士〔小杉クリニック〕

（以上，執筆順）

Horitsu Bunka Sha

すぐそこにある貧困
かき消される野宿者の尊厳

2010年10月17日　初版第1刷発行

編　者　小《こ》久《く》保《ぼ》哲郎《てつろう》
　　　　安《やす》永《なが》一《いち》郎《ろう》

発行者　秋山　泰

発行所　株式会社　法律文化社
〒603-8053　京都市北区上賀茂岩ヶ垣内町71
電話 075(791)7131　FAX 075(721)8400
URL:http://www.hou-bun.co.jp/

印　刷　共同印刷工業㈱
製　本　㈱藤沢製本
装　幀　谷本天志

ISBN 978-4-589-03307-9